為什麼朋友會這麼做？

前言

　　只有成年人才會在人際關係上遇到困難嗎？答案是否定的。我們的孩子在與同齡朋友的關係上也像成年人一樣承受著很大的壓力。孩子們也會因為不知道該如何交朋友、吵架以後該如何和解、該怎麼對待不喜歡自己的朋友等各式各樣的問題而煩惱得晚上睡不著覺。

　　思考人際關係的問題，在兒童發展社交技能上發揮著非常重要的作用。因為「朋友」不同於家人，是自己可以選擇的關係，而這些經驗也會成為未來發展社交活動的基礎。

　　這種關係的建立也是需要練習的，再怎麼聰明伶俐、獨立自主的孩子，如果缺乏溝通或共情的能力，在社交能力的發展上必然會遇到困難。不僅會經常將自己與外界隔絕，也很難適應團體生活。

　　但是，隨著在外面跑跳遊玩的文化消失，為了保持社交距離造成獨處時間拉長，減少了可以練習社交的機會，因此有愈來愈多的兒童在同齡關係上遇到困難。因

為不知道該如何交朋友，所以不適應學校生活或只專注於社群媒體、網路人際關係的情況也愈來愈多。

父母們的擔憂也日益加深，我家的孩子懂得交朋友嗎？會不會被排擠？孩子如果在人際關係上出現了問題，該怎麼為他們解決？近來，與他人的溝通能力也如同學習能力一樣受到重視，當我們的孩子習慣了隔絕和孤立時，做父母的該如何才能培養他們的社交能力呢？

對於苦於人際關係的兒童或家長們來說，《為什麼朋友會這麼做？》是一本足以成為墊腳石的書。通過實際生活中經常會發生的故事，簡單地說明「你」與「我」有怎樣的不同，以及該怎麼做才能成為「我們」。

正確的溝通方法及對自己與他人的理解，才是通往真正幸福的關鍵。學會理解自己內心和朋友情感的方法，以及調和彼此不同意見的智慧，才能讓每一天過得更幸福。

那麼，就從現在開始，讓我們和孩子們一起展開心靈探索之旅吧！

目次

第1章
愈禁止愈想做！宣浩的故事

「同學們，回座位上坐好！」

老師用手敲了敲老舊的木製教桌，教室裡三五成群吵吵鬧鬧的小朋友們紛紛轉過頭來，聲音大到連走廊另一端都聽得到的噪音瞬間消失。「老師來了！」的低語和回到座位上的腳步聲取代了吵鬧聲。等小朋友們都看過來後，老師才開口說：

「明天我們班會新來一位轉學生。」
「轉學生？」

還以為像蟑螂一樣一開燈馬上銷聲匿跡的噪音，因為老師的一句話又悄悄探出頭來。為了讓鬧哄哄的聲音安靜下來，老師稍微提高音量說：

「不過，教室這麼髒，新同學應該不會喜歡吧？所以三十分鐘就好，大家留下來打掃乾淨再走好嗎？」

五分鐘前還在教室後面踢足球的人和正招兵買馬要去吃辣炒年糕的同學們都嘟起嘴來。嘟起的嘴長長地連在一起，可以從一班的教室排到九班去。老師一臉尷尬地看看手錶，用手指著第二行第三排位子的宣浩說：

「老師現在還很忙，就由班長宣浩代替老師分配打掃工作。」
「嗄？」

即使在同學們表達不滿的情況下，仍舊默默地寫著補習班作業的宣浩猛然抬起頭來。老師對著張著嘴一臉茫然的宣浩露出燦爛的笑容。

　　「宣浩會好好帶著同學們打掃乾淨吧？」
　　「啊……，是！」

　　宣浩稀里糊塗地點點頭說。雖然回答得不是很乾脆，但老師愉快地和大家打過招呼後就悠哉地消失在教室外頭。

　　「老師走了嗎？」
　　「嗯，老師真的很忙吧，也沒在走廊上的樣子。」
　　「真的嗎？那我們趕緊回家吧！」

　　班上最調皮搗蛋的賢植說的這句話成了信號彈，原本還有些遲疑、互相打量眼色的孩子們開始收拾書包。宣浩慌忙從座位上站起來，對同學們大喊：

　　「同學們，剛才沒聽到級任老師說的話嗎？打掃完才能走！」

　　原本還笑得很開心的同學們都瞪著宣浩，怨恨的眼神中彷彿帶著刺，刺得宣浩心好痛。

　　「很乾淨呀，幹嘛還要打掃？」

「就是嘛！我媽叫我一放學就回家，晚了可不行！」
「宣浩，你那麼喜歡打掃，那你自己打掃好了。」

　　宣浩很想對同學大喊「我也不喜歡打掃，可是是老師要我們做的，我也沒辦法。你們都回家的話，這麼大一間教室我就得自己一個人打掃了！」，但他什麼都沒說，只是緊抿著唇，因為他不知怎地覺得眼淚快掉下來了。

「宣浩，你是班長，自己看著辦吧！」
「對，我們要回家了。」

　　令人討厭的是，明亮的陽光從教室外面傾洩進來，要是下雨就好了，沒有雨傘，大家就沒辦法回家了。沉浸在想像中的宣浩入迷似地走到窗邊，雙手合十懇切地向上帝、佛祖、阿拉祈禱。

「神呀⋯⋯！請讓同學們都留下來打掃吧。只要祢幫我一次，以後我一定會好好聽父母的話，求求祢？」

這時，從遠處傳來陌生的聲音。

「哇，這太好玩了！」

宣浩睜大雙眼回頭一看，一個陌生的女孩一臉興致勃勃地正在擦拭置物櫃上的塗鴉。

我從來都不知道打掃這麼好玩！這世上除了我以外，大概沒有別的孩子有機會做這種事情吧？

看到她一面扭著屁股跳舞，一面打掃的模樣，背著書包的小朋友們都跑過去在她身旁圍成一圈。陌生的女孩一點也不在意旁邊竊竊私語的聲音，還是忙著仔細擦拭置物櫃。

「喂，少騙人了！打掃怎麼可能好玩？這世上好玩的事情多得很！」

高壯的秉泰大步上前挑釁。女孩這時才轉過身來，往兩旁張開雙臂，擋在置物櫃前面。

「喔喔，別靠近，我要自己做！就算你想做，我也不給你做！好玩的事情要一個人做才更好玩。」

女孩的話讓秉泰皺起了眉頭。秉泰一向和父母、老師唱反調，即使是和朋友們相處時也一樣。如果大家說一起往左走，他就偏要往右走；大家說一起往前走，他就偏要往後走。因此，女孩說的話絕對會惹惱秉泰。

「妳不讓我做又怎樣，我搶過來做不就得了！」
「你搶過去做也沒用，這種事需要高超的技術，你們應該做不到吧？」

秉泰氣到七竅生煙，後面站成半圓形的其他孩子們表情也如出一轍。

「妳怎麼知道我們能不能做到？」

「就是呀，我也可以做得很好！」

「我也是，我也是！我在家裡也用打掃賺零用錢！賺了一萬韓元喔！」

　　孩子們紛紛提高音量闡述自己的豐功偉業。一瞬間，整個局面就轉變成「誰最會打掃競賽」，氣氛火熱得不得了，孩子們一激動乾脆放下了背包。剛才還在打掃的陌生女孩在眾人毫無察覺之際站得遠遠的，一臉意味深長地瞧著這副景象。

「喂，那你們別只是嘴上說說，做給我看呀！」

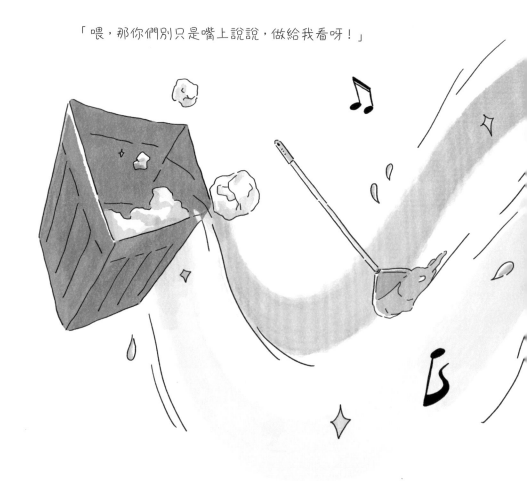

「好，我們就在這裡一分高下吧！」

　　孩子們捲起袖子，三五成群地各自拿起掃帚、清潔用刷子、海綿及大拖把，開始在教室裡到處打掃。當然，期間也不忘誇耀自己有多能幹！

「妳，妳該不會是什麼……打掃小仙女之類的吧？」

　　看到這個即使親眼所見也難以置信的景象，宣浩悄悄走到女孩身邊低聲問。這人不僅是在自己剛祈禱完就出現，還不動聲色地就把打掃工作交給了班上同學。這麼不平凡的人，除了「小仙女」這個詞之外，找不到其他的解釋。

「小仙女？我金芯理的美貌是有點像小仙女！」

女孩噗哧一笑，俏皮地回答。「不然難道是魔法師？」宣浩這麼一反問，女孩連連搖頭。

「那妳到底是誰？」
「我嗎？我是這時代最厲害的心理學博士──金芯理。我遠遠地就看到你好像很為難的樣子，所以過來幫個忙而已──用我的專長！」

心理學？博士？專長？一下子湧入太多訊息，宣浩頭都暈了。站在我面前的這個人說不定是鬼吧？宣浩一臉大惑不解的表情反問：

「我是要問妳到底怎麼幫了我的忙？妳不是說自己不是小仙女，也不是魔法師嗎？」
「你可能不知道，心理學中有一種效應叫卡里古拉效應。」
「青蛙呱拉呱拉叫效應？」
「是卡里古拉效應啦，笨蛋！是指愈禁止反而愈想嘗試的現象。」

就像他們一樣，芯理指著同學們說，宣浩遲疑地點點頭。看著這群同學，他好像有點理解了。

金芯理的心理諮商室

什麼是卡里古拉效應？

這是指愈禁止愈吸引人的現象，也代表愈不讓做就愈想做的「心理抗拒」。看到孩子們因為不讓他們打掃反而全都捲起袖子來的模樣了吧？

很久以前在羅馬帝國時代，有一位名叫卡里古拉的皇帝，深受百姓的愛戴。

但就在他成為皇帝七個月時染上了可怕的傷寒，痊癒之後，

呃呃，太痛苦了……

性格就變得十分暴戾。

把刀拿過來！馬上！

勃然大怒！

最後，他不僅殘忍地殺害了
自己的子女，也變成了
一個暴君。

對這個故事深感興趣的
人就把卡里古拉皇帝的
生平事蹟拍成電影。

呵呵，正好
拿來拍電影！

許多電影院都上映了這部電影，唯有在美國波士頓的
這家電影院禁止上映。原因是內容太血腥暴力，不宜
觀賞。

CINEMA

禁止電影
「卡里古拉」
在波士頓州
上映。

然而很神奇的是，當這部電影被禁止上映之後，

原先對這部電影不怎麼感興趣的人，反而開始有了興趣。

因為他們很好奇，究竟是什麼內容遭到禁播。最後，實在忍不住好奇的居民們便一窩蜂跑到別的地區觀賞電影。

卡里古拉
一張

「卡里古拉」
上映中

從此以後，便將愈禁止愈吸引人的現象

青蛙

稱為「卡里古拉效應」。

卡里古拉

「原來是這樣呀！我還以為是什麼魔咒呢！」

「至少芯理不是鬼！」宣浩感到安心，長長地呼出一口氣，整個人放鬆下來。安心之後，好奇心緊跟而來，宣浩突然轉過頭來問：

「可是我們為什麼會表現得像青蛙一樣呢？該不會我們的祖先不是猴子，而是青蛙？那不太可能吧⋯⋯。」

「哈哈哈！」，宣浩的話讓芯理忍不住放聲大笑，然後翻了翻口袋，再把兩個拳頭伸到宣浩面前。宣浩還來不及問「妳在做什麼？」，芯理就攤開了右手。

　　端坐在芯理右手掌上的一隻青蛙突然跳到旁邊的書桌上。
這麼一隻小到芯理能放在小手中的青蛙，把書桌當成石橋一樣
幾次跳躍之後，很快就從眼前消失了。

　　「這個拳頭裡有什麼？」

　　宣浩指著芯理的左手問。這次芯理可能不想乖乖地給他看
吧，嘻嘻笑著搖搖頭說：

　　「不告訴你！」
　　「什麼？哪有人這樣？」
　　「因為是祕密！」

　　芯理飛快地把自己的拳頭藏在身後，宣浩再怎麼扭動身體
想看都看不到，氣得直跳腳。「體育老師明明教過了！」宣浩

想起體育課踢足球的經驗——對方選手在運球時搶球的方法，
也就是……。

「妳到底藏著什麼東西？」

看起來要把身體往左扭的宣浩，突然轉向右邊。芯理一時
不察被騙了過去，露出了後背，宣浩抓住芯理的拳頭用力攤開
來。

搞什麼嘛，
沒東西呀？！

失落感如潮水般湧上來，宣浩無力地垂下肩膀。芯理的左手裡除了幾顆汗珠之外什麼都沒有。芯理就用這隻手拍了拍宣浩垂下的肩膀說：

　　「怎樣？我故意藏起來反而讓你更好奇，對吧？」
　　「是呀，突然變得好好奇，想知道拳頭裡面有什麼東西。」
　　「卡里古拉效應的發生也是如此，如果不是出於自己的意志，而是因為別人使得自己看不到的話，就會變得更好奇。」

　　宣浩把兩隻手用力插進兩邊口袋裡。不知道怎麼回事，聽了芯理的話以後，總感覺自己拳頭裡好像有一隻青蛙在睡覺。

金芯理的心理諮商室

什麼是自由與心理抗拒？

自由是指我想做什麼就做什麼，但是當這樣的自由受到威脅時，為了重新恢復自由，就會出現「心理抗拒」，就像被剝奪了要不要打掃的選擇權而產生的反抗情緒一樣。

每個人都擁有自由，所謂自由，就是想吃就吃、想喝就喝、想去哪裡就去哪裡。

而自由也是維持自我尊嚴所必要的價值之一。

自我尊嚴

然而，當有人強迫你「快去吃飯！」或「快去看書！」的時候，

媽媽

○○呀！

有沒有在看書？

還不快點寫作業！

人們就會認為自己的自由被別人剝奪，因為有種自己正照著他人指示行事的感覺。

所以才會故意做出相反的行為，這也是為了挽回自己被剝奪的自由。

這種現象在心理學中被稱為「心理抗拒」。

就像彈簧用手壓得愈用力，反彈就愈高一樣，我們的心也是愈受到強迫，反彈就愈大。

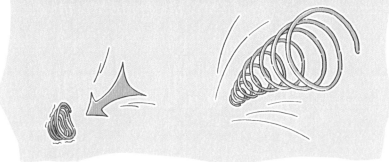

心理學家為了研究這種心理抗拒現象，曾經進行過一項實驗。

主持者在美國杜克大學中招募了部分學生。

然後要求他們在兩天的時間裡聽完四張唱片，並給予評價，同時也承諾在實驗結束之後會送給每位學生四張唱片中最喜愛的一張唱片作為報酬。學生們在可以得到報酬的想法下認真參與實驗。

請從四張唱片中
挑出自己喜歡的音樂。

但是第二天，學生們聽到一個壞消息，
因為配送時的失誤，現在只能三選一。

也就是說，比起前一天，他們可以選擇的自由縮減了。
學生們帶著失望的心情繼續進行實驗。

那麼結果會怎樣呢？

將無法選擇的那張唱片標示為「最喜愛」的
學生數量比前一天多了 70%。

因為當他們得知無法擁有該唱片的那一刻，反而變得更
想擁有。出於維護自由的心理抗拒，讓他們隨時可以改
變自己的選擇。現在懂了吧？

「你知道羅密歐與茱麗葉吧？」

芯理低下頭，做出像公主一樣用雙手提起裙襬的樣子。宣浩想都沒想就彎下腰回答：

「當然知道，就是出生在兩個世仇家族的羅密歐和茱麗葉彼此相愛的故事嘛！因為家族的反對，最後兩個人都喝下毒藥死了。」

「這兩個人其實也陷入了卡里古拉效應，不是嗎？」
「羅密歐與茱麗葉？」

「是呀，要不是父母或兄弟們的阻止，或許這兩個人不會達到抵死相愛的地步。你不這麼認為嗎？」

芯理的反問讓宣浩的腦袋彷彿被槌子咚地敲了一記似的，這是他從未想過的說法，原來懂得心理學這麼厲害呀！這個世界在芯理眼中又是多麼地不同呀！就在宣浩用敬仰的眼神望著芯理的這一刻，教室後方傳來巨大的吶喊聲。

「哇哈哈，都打掃好了！」

兩人回頭一看，打掃在不知不覺中已經結束了，教室乾淨得讓人認不出來。找不到主人的物品全部物歸原主，滿是塗鴉的教室牆壁也變得光潔如新，原本貼著亂七八糟貼紙的置物櫃也閃閃發亮，在從窗戶照進來的陽光下反射出耀眼的光芒。

「看到了吧？比妳做得更好！有什麼好跩的。」

秉泰挺起胸膛驕傲地說。同學們也你一言我一語地幫腔，他們為了把汙垢擦得晶亮，結果把自己搞得髒兮兮的，但臉上都充滿了自豪和優越感。

宣浩心想，他們都落入了芯理挖的陷阱裡，早就忘記要回家的事情了吧。

「同學們，謝謝你們的幫忙，我還擔心得要死，怕只有我一個人打掃……。」

原本還在心裡暗自罵他們「活該！」的宣浩，突然發現要不是芯理，倒楣的就是自己了。一想到自己一個人留下來打掃教室到深夜的模樣，手臂上就忍不住起雞皮疙瘩。幸好有芯理，自己才不用獨自承擔打掃的工作，等一下在回家的路上一定要請她吃辣炒年糕。宣浩下定決心就算要用掉一半的零用錢也在所不惜，他握緊拳頭，望向身旁說：

　　「芯理，我最感激的是妳，要不是妳……咦？」

　　剛才還站在自己旁邊的芯理不見了，宣浩伸長脖子四下張望，連書桌下面都掃了一眼，卻發現芯理連根髮絲都沒留下來。一開始還搞不清楚芯理是仙女、魔法師，還是鬼，但沒想到現在她就像之前出現時一樣，又突然消失得無影無蹤。

　　「等一下，我為什麼要這麼做？」

包括宣浩在內的所有人聽到這句話之後都如夢初醒，窗外盛夏的濃豔晚霞把教室渲染得一片緋紅。幸好如此，才讓宣浩因慌亂而發紅的臉不至於引人注目。

　　「就是呀？回過神來一看，我的手上竟然戴著橡膠手套。」
　　「嗯，我也是！明明已經要回家了說……。」

　　要跟同學們解釋嗎？如果他們認為我捉弄了他們，那怎麼辦？而且，真的要解釋的話，我也不知道該說什麼？剛才芯理解釋的那個心理學效應叫什麼來著？宣浩腦子一團亂。卡里……卡里……，宣浩嘴裡反覆叨念著，最後還是悄悄地從同學們中間擠了出來。

「要走也應該說一聲再走呀……。」

　　從教室裡逃跑出來的宣浩拖著沉重的腳步走向教職員辦公室，燈熄了一半的辦公室裡只剩下幾位老師在為沒完成的工作收尾。

「老師，都打掃完畢了。」
「真的嗎？辛苦了，宣浩。我們班果然只有班長最值得信賴！」
「沒有啦，那是我應該做的……。」

　　雖然宣浩很想照實說是芯理幫忙的，但卻說不出口。出於莫名的愧疚，宣浩避開了老師的眼光，視線卻突然看向一處。

「咦？」

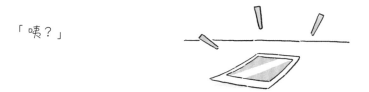

　　當他看到一張似乎有點熟悉的臉孔，宣浩疑惑地歪著頭。老師順著宣浩的目光望過去，一臉高興地拿起桌上的照片說：

「本來打算明天給你們一個驚喜的，但既然你已經看到，那就沒辦法了。這個人就是明天要來的轉學生。」
「嗄？轉學生？」

宣浩的臉色一陣青一陣白，只能從嘴裡含含糊糊地擠出喔、喔、啊的奇怪聲音。

「你怎麼了，宣浩？哪裡不舒服嗎？」

老師看著宣浩的表情擔心地問，但宣浩只是默默地搖了搖頭。所以芯理真的不是小仙女，也不是魔法師，更不是鬼！我還堅定地相信她是心理學博士呢，結果芯理她……芯理她！

「竟然是轉學生！這也太荒謬了！」

在老師遞出的相片中，芯理笑得很開心。

第2章
我為什麼
想買這東西？

小夏和小冬
的故事

「噔噔，你們看！」

　　一個同學爬到書桌上來，高高地抬起一條腿，原來是以緊跟電視上藝人穿著而出名的惠珍。她像芭蕾舞者一樣筆直伸出的腳尖上，自豪地穿著一雙最近在孩子們之間很流行的球鞋。

「哇啊，這不是偶像團體成員代言的鞋子嗎？」
「對呀，對呀，我也好想擁有這雙鞋！」

　　同學們紛紛圍到書桌邊抬頭看著惠珍，你一言我一語地讚嘆，眼中交織著對閃亮球鞋的羨慕和嫉妒。

「昨天我媽買給我的，漂亮吧？」

同學們就像聚集在公園裡的鴿子一樣點點頭，有人忍不住喊出「我也想要！」，大家彷彿就等著這句話似地，教室裡到處都迴盪著類似的說詞。這時，有個同學突然舉起手來。

「放學以後要跟我一起去買鞋子的人站過來！」

幾個同學以舉手的孩子為中心圍了過來，紛紛喊著「我，我！」，大拇指一個接著一個蓋章。在原地愣愣地看著這一幕的小冬回到後面自己的座位上。

看著不管同學們如何吵鬧只顧著寫作業的小夏圓圓的頭頂，小冬用手在小夏眼前揮了揮。

「小夏！妳說好看的那雙鞋，我要不要也買一雙？」

小冬用手指了指自己背後，教室的一角正在無休止地討論要去哪裡買鞋子、要花多久時間才能到達那個地方，以及要怎麼說服大人的方法。

「妳怎麼突然問這個？」

小夏來回看著聚在一起吵吵鬧鬧的同學們和小冬，臉上露出驚訝的表情，從皺成帆船形狀的一側眉毛來看，她顯然感到很不以為然。

　　「也不是啦……，今天這麼一瞧，同學們好像都要買的樣子。大家都穿，只有我沒穿的話，好像有點那個！」

　　當小冬拼湊著隻言片語為自己找理由的時候，小夏雙手抱胸歪著頭，這是她陷入沉思時才會出現的個人習慣。

　　「妳想買就買，我不買。」

　　小夏的果斷回答讓小冬忍不住馬上又問「真的不買？」，因為她清楚地記得幾天前放學途中經過鞋店前面時兩人的對話。

　　「上次妳不是說一定要買那雙球鞋，還跟我說一起買一起穿。」

　　從小夏指著櫥窗裡球鞋露出微笑的表情，到回家路上一直央求自己的說話聲音，都像圖章一樣鮮明地映在小冬腦海裡，但怎麼一夕之間就改變了心意呢？

　　「所以說，那個……，反正我現在不想要了，而且我才剛買了球鞋沒多久。」

像在證明自己說的是真話一般，小夏穿在腳上的球鞋閃閃發亮。那模樣就像每次遇見就喜歡招惹自己的對面鄰居光頭歐吉桑的腦袋一樣，反而讓人更討厭。

　　「那怎麼辦，我買也不是、不買也不是……。」

　　彷彿能讓地上冒出大坑，把學校都陷了進去消失無蹤一般，小冬深深地嘆了一口氣。買球鞋的話，和小夏之間約好凡事都一起做的「死黨誓言」會讓她耿耿於懷；不買的話，又會念念不忘。看著這一幕的小夏像是突然有了好主意一樣，啪地一聲闔上書頁。

　　「要不要去問芯理看看？」

芯理是不久前新來的轉學生，據說是無所不知的萬事通，也是能澈底解決煩惱的萬能解決師。小夏拉著一臉迷惘的小冬的手往教室外面走。

「芯理一定會告訴我們答案的，芯理無所不能！」

奮力奔跑之後抵達的地方，是位於體育館一角的小倉庫前面。這裡平時是籃球、呼拉圈、跳箱、跨欄等運動器材雜亂堆放的空間。但多日不見，這裡就像田螺姑娘來過了似地，整理得乾乾淨淨，煥然一新。咦，那是什麼？貼在門上的一塊小招牌映入小夏的視野中，從四個角一點也不方正的樣子來看，應該是自己做好之後貼上去的，上面歪歪扭扭地寫著這幾個字。

「……金芯理的心理諮商室？」

就在小冬只顧著四處張望的時候，小夏叩叩敲了兩下門，一股作氣地把門打開。諮商室裡開著燈，但安靜得連一點聲音都沒有。像烏龜伸長了脖子往裡面張望的小夏邁開步伐走了進去。

「好像沒人的樣子，我們還是離開吧，好不好？」

　　小冬害怕得拉著小夏的手臂，身體雖然已經跟著小夏進了諮商室，但腳卻還黏在走廊地板上。這時，從放在諮商室內側窗戶旁邊的稻草堆裡傳出窸窸窣窣的動靜。既像草蟲，又像動物爬行的聲音，嚇得小夏和小冬反射性地抱在一起。

「那個好像在動？」

　　靜靜注視著稻草堆的小夏小聲地說。藏在小夏背後的小冬稍稍地探出頭來，剛才看起來靜止不動的稻草堆稍微晃動了一下，接著開始劇烈聳動起來。短短的空檔裡，小冬腦海中已經展開了各式各樣的想像。那裡面有什麼東西？小狗？小貓？還是鬼怪？

「同學們好！」
「哇啊啊啊！」

　　瞇眼望著稻草堆的小夏尖叫著仰面摔了一跤，被那聲音嚇到的小冬也摀著雙眼趴在地板上。站在兩人前面的不是小狗，也不是小貓，更不是鬼怪，而是諮商室的主人——芯理。

「嗯⋯⋯妳們在這裡做什麼?」

「我們才想說這句話呢!妳剛才到底在做什麼?嚇死我了!」

「啊,抱歉!我在觀察鳥類,為了不讓牠們跑掉,所以需要喬裝。」

　　芯理像洗完澡的小狗一樣抖動身體,沾在衣服上的稻草彷彿陣雨一般簌簌地落到地板上。小夏沒有問芯理為什麼要觀察鳥類,也沒有問這麼多的稻草到底是從哪裡來的,只是拍著胸口,安撫自己被嚇到的情緒。

「唉唷,嚇死我了⋯⋯。不管怎樣,我們來找妳,是有事情想請教妳。」

「有事情想請教我?什麼事?」

「妳知道最近在我們學校很流行的一款球鞋吧?」

往諮商室後面走的小夏一臉犧牲色相的表情擺出幾個姿勢來，這就是電視廣告中偶像們擺出的姿勢。

小冬連連拍手說和偶像們一模一樣，但是芯理卻沒有太多的表情，因為她根本不看電視。芯理的反應讓小夏感到有點尷尬，只好放下高舉著的手臂。

「……嗯嗯，原來妳不知道呀？不管怎樣，我們在煩惱到底要不要買那雙鞋。看到同學們都要買，我反而不想買了，可是小冬下定了決心，傾向要買的一邊。」

哈哈哈，聽了小夏的話，芯理突然拍掌大笑。小夏和小冬滿頭霧水，撓了撓頭。當她們異口同聲問芯理為什麼笑時，芯理才用手指頭抹去眼角淚珠，又用手指頭分別指了指小夏和小冬說：

「因為呀，妳們看起來就像鳥，小冬是企鵝，小夏是白鷺，簡直是一模一樣！」

說自己在觀察鳥類，現在連人看起來都像鳥嗎？小夏和小冬睜大眼睛彼此相望，想從對方臉上找出像白鷺或企鵝的地方，但看到的還是平時熟悉的那張臉，根本找不到一點鳥類的痕跡。

在兩人充滿懷疑的眼神裡，芯理這才擺擺手表示否定的意思。

　　「不是，不是，我不是指外表，而是指妳們的心理。」
　　「我們的心理怎樣？」
　　「我跟妳們說，在心理學上，買東西的時候，別人買自己也會跟著買的人稱為企鵝；相反地，不會跟著買的人稱為白鷺。」

金芯理的心理諮商室

什麼是企鵝效應？

這是源自企鵝習性的術語，
意思是指別人買東西，自己也跟著買的行為。
現在明白小冬為什麼想買球鞋了吧？

企鵝是在寒冷荒涼的南極生活的動物，因為陸地
全部被白雪所覆蓋，所以牠們必須跳進海裡
才找得到食物。

準備跳水！

但是企鵝不會輕易跳進海裡去，
因為海裡不是只有食物，
還有海豹和虎鯨等捕食者。

因此這時如果出現最先跳進
海裡的「第一隻企鵝」，

跳！！

其他企鵝就會跟著跳下
去。

我，我也要
跳看看！

我也要，
我也要！

人類也帶有類似的習性。

這東西可以買嗎？

只要有購買這件商品的「第一隻企鵝」出現，後面就有人會跟著買。

好像還不錯的樣子，我也要買。

所以跟著別人買東西的現象，就稱為「企鵝效應」。

之前在小冬身後看到的一幕幕情景，如反轉的沙漏般在小夏腦海中掠過。書桌變成了高高的冰山，站在頂端擺著造型的惠珍變成了領頭企鵝，其餘的同學就成了跟隨她的其他企鵝。

「難怪妳說小冬是企鵝，這麼一看，還真的有點像。」

　　看著一臉不滿噘著嘴的小冬，小夏的嘴角露出了笑意，併攏的雙腳、高高噘起的嘴唇、穿著黑色開襟外衫的模樣，看起來完全就像一隻企鵝。

「嘖，像什麼像，一點都不像！」

小冬把頭轉向另一邊，一隻腳把地板踩得咚咚響，嘴裡抱怨幹嘛非要拿五短身材的企鵝當例子，看起來非常不滿意的樣子。抬頭望著個子比自己高出一個頭的小夏，小冬用酸溜溜的刺耳聲音問芯理：

「那小夏為什麼是白鷺？因為她個子高？還是皮膚白？」

芯理邊說「就跟妳講了和長相沒關係」，邊拿出一個大盒子，一打開盒子翻轉過來，馬上嘩啦啦地掉出許多五彩繽紛的珠子。小冬原本像刺蝟一樣帶刺的眼神，馬上變得像棉花糖一樣柔軟。

「哇啊，好漂亮！」
「要不要從裡面挑一顆妳最喜歡的？」

芯理才剛說完話，小夏和小冬的眼珠子就滴溜溜地轉來轉去。這個像甜美蘋果一樣的紅色珠子好漂亮，那個像盛夏大海般的藍色珠子也很漂亮……。

　面對挑挑揀揀難以取捨的兩個人，芯理一臉早知如此的表情，又翻著口袋掏出什麼東西遞過去。

「拿太陽眼鏡給我們幹什麼？這裡又沒有陽光。」
「戴一下看看，挑選起來會容易得多。」

　小夏和小冬小心翼翼地接過太陽眼鏡，不知道芯理在搞什麼鬼。嘴裡不停嘀咕的小夏隨即發出「哇啊！」的驚嘆聲，原本五彩繽紛的珠子一瞬間變成了黑色跟白色。

「好了，現在妳們再挑挑看，挑一個最看得上眼的珠子。」

　　小夏和小冬很快地就各自挑選了一顆珠子。不同於五顏六色展現獨特風采的彩虹世界，黑白世界一切都很單純，因為就只有兩個選擇，她們非常輕易地就從幾乎全部變成黑色的珠子裡面挑出散發著白色光澤的珠子。

　　「好神奇喔，只不過是戴上太陽眼鏡而已，挑選起來就輕鬆多了。這顆珠子就混在全黑的珠子中間，哪有可能沒辦法一眼看到？」

　　「就是嘛，所以買別的物品來代替流行物品的現象就稱為白鷺效應。故意不趕時髦，其實是因為想凸顯自己。」

金芯理的心理諮商室

什麼是白鷺效應？

白鷺效應也稱「虛榮效應」，是指當有許多人購買特定商品時，其稀有性會下降，為求與眾不同，就想改買其他商品的現象。這就是小夏原本想買球鞋，後來又改變心意的原因。

有句成語叫「鶴立雞群」，意思是
一隻鶴（白鷺）站在雞群當中，
也指在許多平凡人之中特別顯眼的人。

白鷺自古就是一種象徵
清廉儒生或傑出人士
的動物。

嗯哼~

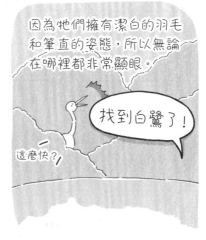

因為牠們擁有潔白的羽毛
和筆直的姿態，所以無論
在哪裡都非常顯眼。

找到白鷺了！

這麼快？

因此所謂「白鷺效應」是指有些人會和追求流行的普通
人不同，去購買不一樣的商品以示差別的現象。

但白鷺效應有時候也帶有批判的意思。

譬如有些人故意想引人注目就去購買珍貴的美術品或昂貴服裝、限定版商品等。

這時，白鷺就會故意趾高氣揚地強調與烏鴉群格格不入的一面，因此這種現象也稱為「虛榮效應」。

倒胃口⋯⋯
同伴們，我們走！

哼，我才不跟你們這群黑乎乎的傢伙一起玩呢！

聽著芯理的說明，小冬的腦海裡如快照般飛快地閃過幾幕場景，譬如剛開學要選擇社團的時候、班上分工合作的時候，甚至是一起去看電影的時候，小冬一般都只在最受歡迎的前三名當中挑來挑去。但小夏就不一樣，總是把眼光放在倒數第一的項目上。

　　「這些都是出於想引人注意的心態？我還以為小夏妳品味獨特呢！為什麼之前從來沒說過？」

　　「那個……，我不想讓別人誤會我是一個瞎胡鬧的孩子，其實我只是想顯得與眾不同。」

　　小冬這時才總算理解了坐在她旁邊的小夏。

不只是球鞋而已，只要是和其他同學一模一樣的東西，小夏都不喜歡。小夏也一樣，想到一直以來她都不曾真正了解好朋友小冬，感到十分歉疚。兩人同時想著，學習心理學或許可以更理解他人吧。

　　「小冬，我們就像棋盤上的黑子和白子，完全不同卻又不能沒有彼此。」
　　「哦，真的耶？我還以為我們就像左右對稱的印花一樣，因為相同才合得來，沒想到其實是像齒輪一樣，因為不同才合得來。」

　　小夏和小冬笑著舉起雙手互相擊掌。但嘻哈笑鬧也只是一下子而已，小冬的表情突然僵住，因為她覺得自己就像追著自己尾巴原地打轉的小狗一樣。雖然自己對小夏有了更進一步的理解，也發現很多事情都是因為兩人個性不同而生，這些都很好。但是……。

　　「光知道我是企鵝、小夏是白鷺有什麼用，還是沒辦法決定要不要買球鞋呀！而且因為死黨誓言，也不能各買各的。」
　　「就是嘛！我們得在企鵝和白鷺中做出選擇，但根本不知道要聽從哪一邊的意見才對。」

小夏和小冬陷入了煩惱，因為她們雖然了解彼此互不相同這一點，卻不知道誰才是「對的」。如果像數學題一樣有正確答案，那該有多好！想到結論沒那麼容易討論出來，小夏嘆了口氣，腦袋隱隱作痛，她甚至後悔立下了「死黨誓言」。

　　「隨便選一個不行嗎？」

　　小冬用疲憊的聲音說。

　　「妳想想看，我們只有兩個人，不能少數服從多數，也不能投票決定。與其一直煩惱下去，還不如抽籤決定算了，又簡單又快速，也不用頭疼。」

　　可是……，小夏含糊其辭，因為她覺得如果像這樣不用傷腦筋就決定的話，以後一定會有一個人後悔。

　　「我想知道『自己真正的想法』，因為無論是白鷺效應或企鵝效應，同樣都是受到別人影響而產生的。」

　　小冬點點頭，表示同意小夏的話。如果世上真的有一種耳罩能幫助人聽不到別人說話，那該有多好！如果可以用那種耳罩塞住兩隻耳朵，只聽得到自己的想法，那該有多好！彷彿洞悉了小冬的內心似地，芯理搶先一步說了。

「所以妳們才想問有沒有方法可以不受他人影響，對吧？」

小夏和小冬都用期待的眼光看著芯理，但芯理只是果斷地搖了搖頭。兩人都失望地垂下了肩膀，那模樣就像快晾乾的衣服被潑了一盆水似的。

「很可惜沒有那種方法！人類是群居動物，不知不覺地都會受到他人影響。」

金芯理的心理諮商室

什麼是流行與模仿心理?

所謂流行,是指在人群之間廣泛散播的行為模式或現象,
譬如流行時尚或流行語。這種流行來自於仿效他人行為或
情感的模仿心理所造成的。

人類天生就有一種想變得和別人一樣的本能,這是從
史前時代就學會的生存法則之一。

為什麼大家都在
臉上畫畫?

因為太顯眼的話,陷入危險的機
率就會增加,所以言行舉止會
儘量相同的習性

哇!
原來如此……

一直到70萬年後的
現在,依然保留在我們
的基因中。

我也要
趕緊畫上去。

不只是衣服或鞋子之類的物品，就連音樂、電影、髮型，甚至是生活方式都包括在內。世界上各式各樣的流行之所以存在，也是因為這種「模仿心理」。

人們創造流行又追求流行，從這種行為中感受歸屬感
和安定感。當他們知道自己和別人有了關聯時，
就能滿足心理上的需求。

但是，盲目地追求流行終究不是一件好事。

是有什麼寶藏島嗎？
為什麼大家都往那邊去？

當一個人被捲入他人意見的浪潮時，就會忘記自己
真正想要的是什麼，總有一天也可能失去
真正的自我。

因此，唯有同時具備傾聽他人意見的姿態和維護自己
想法的堅定態度，才能成長為優秀的成年人。

芯理用手把掉在地上的稻草攏成一堆，在手掌心裡搓了搓編在一起，再一圈一圈纏在長木棒尾端，一旁觀看的小夏和小冬馬上看出芯理正在做一支掃帚。芯理用繩子把木棒和稻草緊緊地綑住，讓它們不至於脫落，看起來雖然不如外面賣的好，但也還不錯。

　　「突然間要掃帚幹嘛？」

　　芯理不發一語地用雙手快速轉動掃帚，突然砰地一聲把木柄尾端砸向地板。霹靂靂！天空中適時響起轟轟的雷聲，小冬和小夏被突如其來的巨響嚇得一起尖叫起來。

「很久很久以前，在從來沒有人去過的草原上，有一個『隨便魔女』和幾百頭羊一起生活。」

芯理頭上戴著不知道從哪裡拿出來的寬邊帽，用沙啞的聲音說。

「魔女每天晚上會把小孩捉來自己住的城堡取樂，然後總是問他們相同的問題。」

小夏緊張地吞了吞口水，芯理便攤開兩個手掌，上面各放著一顆小藥丸。

「要紅藥丸？還是藍藥丸？」

　　就在小夏和小冬注意力集中在藥丸上的時候，芯理再次用掃帚敲擊地板。這次，一道亮得讓人目眩的閃電啪地閃起。

「呃啊啊啊啊！」
「然後念咒將回答『這句話』的孩子變成羊。」

　　芯理作出手勢要她們靠近點。小冬和小夏大概是太好奇芯理接下來要說的話了，顫抖著雙腿傾身向前，甚至暗暗下定決心，萬一遇見魔女，絕對不能說這樣的話。

「隨便。」
「……什麼？」
「隨便魔女非常討厭自己的名字，所以凡是回答『隨便！』的小孩，她就會把他們都變成羊，選了紅色或藍色藥丸的孩子則被送回家。」

「所以魔女才會和數百頭羊一起生活呀！」小冬拍了一下自己的膝蓋，覺得自己如果在哪個地方看到羊，會忍不住問一聲「你也是被魔女詛咒了嗎？」。小冬不停地轉動手臂，感覺魔女的陰影似乎在頭頂上揮之不去。

　　「好可怕喔，怎麼會有只說了『隨便』就變成羊的詛咒！」

　　小夏快速摩娑著起了雞皮疙瘩的雙臂，突然「啊！」地一聲摀住嘴巴，自己該不會因為剛才說了「隨便」兩個字就變成羊吧？懷著不安的心情，小夏摸了摸自己的頭，指尖碰觸到的不是蓬鬆的羊毛，而是柔軟的髮絲。注意到小夏動作的小冬忍不住想笑，趕緊甩了甩頭，因為她想到隨便嘲笑魔女的詛咒，說不定會吃大虧。

　　「心裡做好決定了嗎？」

　　聽到芯理這麼問，小夏和小冬彷彿心有靈犀一般同時點了點頭，似乎一致同意只有這個動作才能擺脫魔女的詛咒。

　　「不管怎樣……。」
　　「我們需要多一點時間考慮。」

想要順利地走過石橋，最需要的不是別的，而是時間。好好想想這件商品是自己真的想買的東西呢，還是像感冒一樣受到別人感染才想買的？如果不一個一個敲著石頭過橋的話，很容易就會掉進鱷魚群出沒的沼澤中。小夏和小冬下定決心絕不可以忘記這麼重要的事情。

　　「我們不想衝動地做出決定，因為時間還多得很。」

　　恰好這時掛在天花板上的擴音器裡傳出明亮的鐘聲，聽到小冬抱怨「休息時間明明很充裕，卻總覺得不夠用！」，大家都哈哈大笑。

　　「芯理，我們走嘍，今天謝謝妳了！」
　　「好啦，路上小心！」

　　小夏和小冬就和剛才進來心理諮商室時一樣，手牽著手往走廊走去，不過表情變得開朗多了。徘徊在兩人身邊伺機而動的魔女陰影彷彿一掃而空，兩人的決心就如同今後將跨越的石橋一樣堅定。芯理對著她倆的背影揮了揮手。

第 3 章
想不出好辦法時怎麼辦？

放學時間，聽到有人提議踢足球，幾個孩子飛快地衝到操場去。就在大家把手伸到中間，用手心手背決定隊伍的時候，孩子們突然覺得少了什麼似地看了一圈，一、二、三……。

「呃，我們這邊好像少了一個人？」

手心朝上的有五個人，朝下的有四個人，為了比賽公平起見，還需要一個人。承煥四下張望，最後伸出被陽光曬黑的手臂，指著藤樹邊的長椅。

在綠蔭籠罩的藤樹陰影下，泰平低著頭坐在那裡。

「喂，金泰平！我們要踢足球，要不要一起踢？」

承煥大聲喊著，喊到臉都發紅了。平常泰平不需要人喊，自己早就跑過來了，但今天不知道怎麼回事，只看到他雙臂交叉，作出X字形。站在承煥身後瞇眼看著泰平的芯理，放下懷裡抱著的足球。很明顯地，藤樹長椅上正發生著比足球更有趣的事情。芯理咻地一聲把球拋給了別的同學。

　　「不是說兩隊人數不對稱嗎？那我退出，你們自己好好地玩！」
　　「喔喔！喂，妳怎麼可以突然就退出呢！」
　　「啊，搞什麼嘛！我還很高興和芯理同一隊呢……。」

　　望著芯理跑遠了的背影，同學們都惋惜地說。芯理努力讓自己忽視那些滿含遺憾的話語跑過操場，熾熱的陽光透過樹葉縫隙，在風沙揚起的地面上刻劃出美麗的花紋。

　　「唉唉……。」
　　「你這樣嘆氣會變成蒸氣火車喔，卜卜！」

　　聽到背後傳來的說話聲，泰平轉過頭來，他大概已經煩惱了很久吧，所以一臉迷茫的表情，後知後覺地認出了芯理，說出「喔，妳是……」之後就說不下去了。

　　「是的，金芯理。」

簡單地自我介紹後，芯理在泰平身邊一屁股坐了下來。在相隔兩掌左右的距離之間，就像磁鐵同極相斥一樣，縈繞著微妙的緊張感。

「有心事可以跟我說，你也知道呀，我是萬能解決師。」

在一陣沉默之後，芯理故意用俏皮的語氣打開話匣子。芯理並不喜歡不知道從何時開始像標籤一樣被貼上的「萬能解決師」綽號，因為她知道自己只是提供方法而已，並不是解決問題。然而，為了解開泰平腦中糾結成團的煩惱，沒有比這個妙計更合適的方法了。芯理很清楚，適當的幽默是隨時都需要的。

「真是的，少自以為是了！妳又不是魔法師。」
「我不會撒魔法，可是我會撒嬌！」

對著突然拋來媚眼的芯理，泰平直說好噁心，但表情卻比剛才放鬆了一點。幾個月前，在乳牙脫落的地方新長出來的犬齒卡著泰平厚厚的下唇，泰平不知道該從何說起，只能摸索著尋找糾結成團的線頭。

「嗯，就是……。」

好不容易找到線頭的泰平開始宣洩心事。簡單歸納這些東一句、西一句的話就是，泰平有個獨一無二的好朋友，但因為自己一不小心說錯話，兩人鬧翻了。泰平為了挽回失誤，想盡了一切辦法，卻始終想不出一個絕佳的對策，只是讓已經很糾結的腦子愈扯愈緊。

「我頭都痛了，妳就知道我有多煩惱。」

泰平用雙手扯著自己的頭髮，稀疏的頭髮在陽光下被染成了薔薇色。

「我怎麼看都覺得自己就是個笨蛋，不是嗎？從我腦袋空空的這點來看……。」

泰平大概是對折磨頭髮失去了興趣吧，這次改成用雙手掌心拍打自己的頭，發出夏天在市場賣西瓜的攤子上不時會聽到的聲音。對於泰平的質問，芯理雙手抱胸，做出略微嚴肅的表情。

　　「所以你的煩惱是，不管你再怎麼想也想不出辦法來，對吧？」

　　「我的腦袋一點用都沒有，還不如西瓜，至少西瓜好吃！」陷入束手無策煩惱的泰平點了點頭。這時，芯理用手掌拍了一下膝蓋，聽到這聲脆響，泰平轉過頭來看向身旁。

　　「我還以為是什麼大不了的事情，這種情況有一個非常簡單的解決辦法。」
　　「唔？什麼辦法？」

　　聽到芯理這麼說，泰平馬上拉近中間的距離坐了過來，近得鼻尖都快碰上了。泰平就像抓著救命繩索一樣，急切地抓著

芯理的手臂。芯理雙手拍打著自己的大腿，用嘴發出「嘟咚嘟咚嘟咚嘟咚」的鼓點聲。

「那就是……」
「……就是什麼？」
「什麼都別想不就得了！」

面對這個令人洩氣的解決對策，泰平鬆開芯理的手臂。明明雙腳和屁股都貼著地面坐著，卻有種墜落谷底的感覺。不知何時拉開了比之前多一個手掌距離坐著的泰平，因為失落反而笑了起來。

「妳叫我什麼都別想？」
「是呀！不要煩、不要想，什麼都別做。」

妳以為妳在捉弄誰呀？泰平憤怒地雙手握緊拳頭。都已經好幾天沒法好好吃飯，整天都在煩惱這件事情，竟然給我那樣的答案，還說是解決對策。

「妳現在在開玩笑嗎？那算什麼解決對策！」

泰平憤怒的聲音迴盪在偌大的操場上，音量大到連踢足球的同學們都轉身望向長椅這邊。芯理對同學們揮揮手，表示沒什麼大事。

在平靜得讓人懷疑是不是冷血的芯理身旁，泰平仍舊像一頭見到了紅旗的黃牛一樣氣呼呼的喘著氣。

「我上網查得眼睛都快脫窗，熬夜熬到黑眼圈超越貓熊，扯頭髮扯到快變禿頭，都想不出好主意來。」

　　泰平像饒舌歌手似地吐出一連串話語後，可能有點想哭了吧，暫時停了下來。「什麼都不想的話，答案從哪裡出來……」，泰平把臉埋在自己的膝蓋間喃喃自語。芯理緩緩地拍撫他的背。

　　「泰平，你有跑步的經驗吧？」

　　默默平緩著氣息的泰平悄悄抬起頭來。賽跑？望著眼前同學們的身影，泰平慢慢地點了點頭。

「思考就像賽跑，中間不休息的話，遲早會累垮。」

　　聽了芯理的話，泰平回顧過去幾天來的自己。即使是世界上最持久的馬拉松選手，一天的跑步時間也只有兩、三個小時。就連被稱為「最耗時長跑大賽」的超級馬拉松大賽，最多也只跑十個小時多一點，而自己竟然一整個禮拜不眠不休地在煩惱。泰平這時才想到，自己的大腦應該很疲憊了。

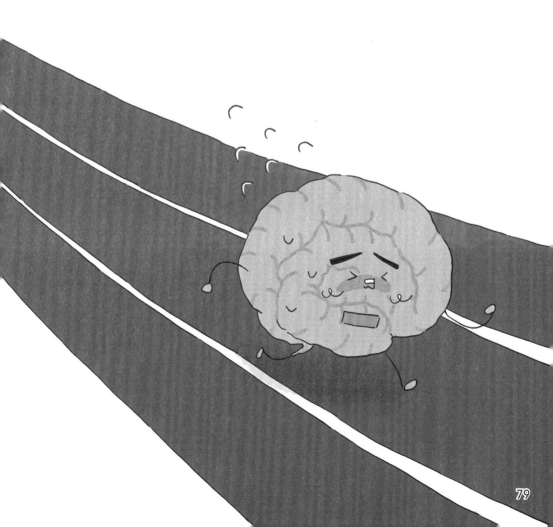

金芯理的心理諮商室

什麼是思考和跑步?

促使你思考的大腦和幫助你跑步的肌肉!這兩者之間存在的共同點,就是堅持不懈地使用,但也要給予相應的休息,所以泰平再怎麼思考也找不出解決辦法是有原因的。

再厲害的賽跑選手,如果不停歇地一直跑,一定會出現不想再跑下去的那一瞬間。

一億五千零三……
一、一億五千零四……

一百萬零二十一!
一百萬零二十二!

因為一定會有心臟快爆炸似地喘不過氣,整個人疲憊不堪的時刻到來。

不跑了,
不跑了……
放棄!

那麼,如果忽視大腦想休息的訊號,執意跑下去的話,會發生什麼事情呢?

大腦

喂!

休息一下!!!

最後不是跌倒，就是受重傷。因為身體已經
到達臨界點，再也撐不下去了。

我們的大腦和肌肉也有相似之處，不用就會退化，失去
功能。

相反地，如果無休止地一直使用，
到了某個瞬間就會超過負荷。

就像引擎過熱會爆炸一樣。

所以，就像肌肉需要充分休息
才能產生繼續跑下去的力量一
樣，大腦也需要適當的休息和
充電。

「就像你現在一樣。」

芯理用手指頭戳了戳泰平的圓臉頰，彷彿裝了按鈕一樣，泰平也同時想起去年這個時候他作為校隊選手參加足球賽的事情。就在決賽的前一天，一名隊員受了傷退出比賽。由於沒有合適的替補球員，泰平不得不從上半場踢到下半場，甚至包括延長賽在內，整整跑了兩個小時。因為泰平的手臂上圍著一個黃色臂章，上面寫著「隊長」兩個字。

「所以休息的重要性也不亞於跑步，為的是要積蓄力量。」

泰平點頭贊同芯理的話。那場比賽他們很幸運地贏了，但泰平卻不得不在醫院裡躺了好幾天。明明只用兩條腿在跑，但從手臂、肩膀到腰部，沒有一個部位不疼痛。想到大腦也在經歷相同的痛苦，泰平就覺得眼前一陣恍惚。

「芯理！」

回想起痛苦經驗的泰平喊了芯理一聲，像是走投無路一般，露出迷惘的表情。

「就算有了充分的休息，但在抵達終點線之前，無論如何還是要繼續跑呀！同樣地，要想出好主意，也是得一直思考，不是

嗎？如果什麼都不想，解決對策會自己冒出來的話，那不就等於站著不動就能抵達終點線一樣嗎？」

芯理攤開一隻手的掌心，再將另一隻手的第二根和第三根手指頭放上去，然後交替移動手指頭作出行走的樣子。「看好喔！」芯理說完話，接著慢慢地移動手掌，而不是手指頭。

「這就是不用兩條腿走路也能抵達的方法。」
「妳是要我瞬間移動嗎？」

泰平的話讓芯理忍不住哈哈大笑，用手掌啪啪地拍著自己胸口。到底在想什麼？對泰平來說，芯理的行為就像一種錯視效應，明明就在眼前直接看著，卻找不到答案。一臉迷糊的泰平最後只能瞪著芯理無辜的指尖看。

「當然是使用這裡面的手扶梯呀！」
「手扶梯？」
「無意識就像存在於我們內心深處的手扶梯，一直不停地移動著。所以即使我們站著不動，也可以想去哪裡就去哪裡。」

內心的手扶梯？泰平腦海中的問號如新芽般不斷冒了出來。

金芯理的心理諮商室

什麼是意識和無意識?

意識是指人類感覺或認知的所有精神作用,無意識是指尚未覺醒的心理狀態。要不要嘗試一下搭乘手扶梯從意識移動到前意識,再從前意識移動到無意識?

我們的大腦大致可以分為三個部分。

也就是意識、

前意識

和無意識。

意識

首先是意識，意識就像暴露在水面上的冰山一角，
因為是露在外面的，所以十分醒目，但是和整體相比，
只不過是非常小的一部分而已。

前意識

其次是前意識，前意識就像是浸在水面下的冰山，
因為這個領域雖然表面上看不到，
但只要稍微深入一點，馬上就能看到。

前意識介於意識和無意識之間，
也負責連結兩者的工作。

無意識

最後是無意識，無意識雖然隱藏在深處不外露，
其所發揮的作用卻如同冰山的主體撐起整座冰山一樣。

因為無意識存在於非常深的深處，
所以我們很難知道它是否真的存在。

當我們體驗讀書、嗅聞、歌唱等經驗時，視覺、聽覺、嗅覺等感覺就會流入我們的身體中。

那麼存在於意識中的細胞就會將這些感覺化為想法，例如：

「很好」　　　　　「有趣」　　　　　「無聊」等。

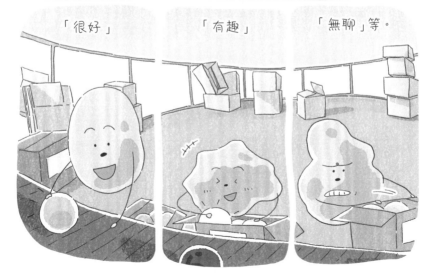

由於我們的身體不停地在移動，因此每一天都會有無數的想法累積在意識裡。這樣累積下來的想法就會轉移到充當倉庫的前意識去。

在這裡存放起來，需要的時候可以隨時取用。

我現在需要這個！

但是，有些不堪回首的可怕和恐怖記憶，以及當下用不到的記憶，就會被轉移到更深的地方去。那裡就是如同地下室的無意識。

新的黑歷史呐！

啪—

一些看似永遠被遺忘的記憶，其實也還保存在無意識裡。

所以作夢的時候，夢裡會清晰地出現很久以前去過的地方或經歷過的事情。

沒人在吧？

啾—

明白夢為什麼被稱為「無意識的反映」了吧？

嗡—　嗡

夢境放映器

那時候為什麼要那麼做？！

砰！

砰！

「所有我們以為已經遺忘的記憶全都儲存在無意識裡，即使那些記憶像是消失不見了，但在需要的時刻又會突然出現。」

「就像這樣。」芯理像跳芭蕾舞一樣優雅地移動十根手指頭，然後彷彿抓住了什麼似地合攏指頭，上下搖晃幾次之後攤開來一看，一顆紅色的小球夾在她指頭之間。說自己不會施展魔法的芯理，卻似乎很擅長變魔術。

「想把那些記憶全部儲存起來的話，無意識應該非常寬闊吧？」

泰平想起了動畫裡見過的魔法袋，就是那個把手伸進去再拿出來，小到巴掌大的麵包、大到比自己個子還高的梯子，甚至連大象和飛機都能嗖地一下子冒出來的魔法袋。

「呃，可是無意識裡的記憶不是已經想不起來了嗎？」

芯理搖了搖頭，用手掌緊緊壓住手上的紅球，眨眼間紅球就變成了氣球。

芯理嘟起嘴，對著氣球呼呼地吹氣，壓得
皺巴巴的氣球慢慢地開始變圓，最後膨脹到比
臉還大。

　　「不是那樣的，有一種方法可以讓你隨時都想起來。」
　　「什麼方法？」

　　芯理把充飽氣的氣球尾端緊緊地打個結，一鬆手，氣球
就像等待多時一般飄向天空裡去。

　　「只要斷開無意識中緊縛著記憶的沉重鉛錘，就能讓那些
記憶自由地浮現。」

　　紅色氣球升上藍天，最後成了小黑點消失不見。泰平一
直仰頭看到脖子痛了才作罷，同時也誠心盼望自己沉重如石頭
的心能像氣球一樣變得無比輕鬆。

金芯理的心理諮商室

什麼是醞釀效應？

這是指一個人暫時停下對複雜問題的
冥思苦想時，才會想出好方案。
當腦子不靈光的時候，不妨休息一下，如何？

很久以前有一位科學家名叫阿基米德，有一天他接到了國王的命令。

國王要他驗證自己的王冠真的是用純金打造的。

您召喚我嗎？陛下。

阿基米德陷入了深深的煩惱中，因為以當時的
技術能力，很難分辨黃金裡是否混入了銀或鐵。

怎麼辦才好……

沒有辦法呀……

不眠不休了好幾天都想不出答案來，
阿基米德感到疲憊不堪。

最後，就在阿基米德抱著自暴自棄
的心理把身體泡在水缸裡的時候，

算了，管他的！

撲通一！

阿基米德的腦
子裡突然靈光一
閃。

喔，對了！

阿基米德得到了一個靈感，如果把自己跳進水缸時溢出的水全都收集起來，結果會和自己的體重相同。

同樣的道理，把王冠放進水裡，將溢出來的水體積和等同王冠重量的金塊放進水裡溢出來的水體積相比較，就可以知道王冠是不是純金的。

終於找到解決辦法的阿基米德
赤身裸體地從浴缸裡
跑出來大喊：

尤里卡！

就像這樣，當我們在休息或想著其他事情時，有時候會突然冒出好主意來。

這種現象在心理學上就稱為「醞釀效應」。

因為平時沉澱在無意識裡的記憶

會趁著意識和前意識休息的時候，慢慢地浮上來，就像需要慢慢浸泡才會有味道的茶葉一樣。

「泰平，你總有一天也能像阿基米德一樣喊『尤里卡！』（我找到了）的。」

就在泰平幻想自己喊著距今三千年前使用過的古希臘語，從浴室裡跑出來的模樣時，一顆足球骨碌碌地滾到他腳邊來。泰平抬頭一看，看到同學們正對他揮手，要他把球踢回來。

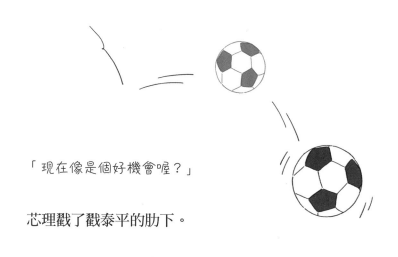

「現在像是個好機會喔？」

芯理戳了戳泰平的肋下。

「什麼機會？」
「冷卻腦袋的機會！沒有比勞動身體更好的方法了。」

芯理率先向前跑，泰平想了想，抬起沉重的腳放在足球上。相較於煩惱、無意識、尤里卡……這些看不見形體、只會讓人頭痛的東西，足球是自己看得到、踢得到，還可以用來進球的東西。泰平望著按照自己意願滾動的球，開心地笑了起來，還沒開始跑呢，現在就已經有點喘不過氣來了。

「等等我，一起過去！」

泰平痛快地把球踢向同學們所在的方向。在和對方球員碰撞肩膀、大聲要求傳球、拚命追趕球的過程中，泰平早就忘記了煩惱，太陽西斜，宣告一天的結束，原本和個子等高的影子，在不知不覺拉長了超過兩倍。

「哇，真的累死了！」

一臉疲憊的孩子們滿身大汗地躺在地上。雖然全身沾滿泥土，回家以後一定會挨罵，但沒有一個孩子在乎這件事。泰平也一臉毫不在意地躺在操場中央，仰望著渲染成淺紅色的天空。

「現在熱得連足球都沒法踢了，對吧？」
「就是嘛，我們要不要挑幾個人去買冰棒回來？」

孩子們就躺在那裡高高地舉起手來，剪刀石頭布！才喊了一次口號就平淡地分出了勝負。在一群出石頭的孩子們中間，獨自出了剪刀的泰平無奈地坐了起來。

「我統一買棒棒冰回來，可以吧？」

雖然有一兩個口味較挑剔的孩子斤斤計較，但大部分的人都圈起手指頭表示沒問題。就在泰平喊出「OK！」的那一瞬間，腦子裡突然有什麼像油田一樣噴湧而出。

　　「……對呀，我怎麼一直沒想到這個主意呢？」

　　還在興高采烈地討論誰用最帥氣姿勢進球的孩子們，都把視線轉向了泰平。他一個人呆呆地自言自語的模樣，看起來就像中暑了一樣。

　　「泰平，你沒事吧？」

　　可能是出於擔心，一個孩子對著泰平的後腦杓小心翼翼地問。泰平陷入了沉思，似乎連這句話都沒聽到。突然間他從地上站了起來，孩子們的視線全都轉向上方。

　　「尤、尤里卡啦！尤里卡！」

　　望著半空中喃喃自語的泰平突然喊了一聲什麼，就離開操場開始往後門的方向跑。孩子們對泰平難以理解的行為感到驚訝，議論紛紛。

　　「他剛才說什麼？」
　　「你聽不懂？不是在說想吃咖哩嗎？」

在一群抱怨泰平是不是不想去買冰棒就逃跑了的孩子們中間，只有芯理莞爾一笑。芯理拿起放在自己身旁的足球，直起身子來，豪邁地喊了一聲：

「今天心情好，冰棒我請客！」
「哇啊！芯理最棒！」

孩子們的身影如披風般掛在身後，大家一起穿越操場，追著地平線另一端的太陽愈跑愈遠。

第4章
總是不由自主地
發脾氣！

小豆的故事

「小豆，還不快點出來！」

　　小豆爸爸的聲音打破每天早晨的寧靜傳了過來。看到小豆搖搖晃晃地走出玄關門，爸爸嘖嘖地嫌棄著。大概是因為沒睡醒急急忙忙把衣服套在手腳上吧，小豆的襯衫前後穿反了，褲子拉鍊也沒拉上。

　　「你這孩子怎麼回事呀，老是睡過頭？」

　　看著連連打哈欠的小豆，爸爸臉上掛滿了失望的表情。

　　「你知不知道爸爸媽媽要上班很忙，你配合時間準時起床不行嗎？」

100

「看看人家隔壁小栗，成績又好又聽話，一點都不用大人操心。我們家的孩子都幾歲了，還要人叫了才起床，真是的……。」

媽媽和爸爸輪番嘮叨了一遍，小豆就像被梅雨淋透了一樣，全身變得沉重起來。別的事情就算了，他真的、真的很討厭被父母和別的孩子比較。小豆好不容易才把這句不敢說出來的話和口水一起嚥了下去。

「在幹什麼，還不快點去上學，要一直站在那裡嗎？」

爸爸推了推小豆的背，但小豆的雙腳就像黏在地上一樣邁不出去。哪個人吃完口香糖吐在地上了嗎？小豆還看了看鞋底，但腳下只有泥沙而已。當爸爸上了車、繫緊安全帶後，媽媽在駕駛座上揮揮手。

「爸爸媽媽走囉，在學校裡不要闖禍喔！晚上見，兒子。」

小豆無力地點點頭，爸爸媽媽乘坐的車轉眼間就消失在巷子盡頭。討厭，煩死了……，就像從車子尾部噴出來的黑煙一樣，小豆的嘴裡也溜出一句鬱悶的嘆息。

「睡過頭又怎樣，我又沒有要你們叫醒我，嘖。」

　　小豆心想，遲到就遲到，有什麼關係！因為即使晚一分鐘通過校門，也不會因此扣考試分數或不讓他上體育課。實際的處罰是把遲到的同學都聚集在一起，讓他們打掃教室十多分鐘。爸爸媽媽明明知道這件事，卻還是每天早上喝斥他，小豆真的無法理解。

「每天只會發脾氣⋯⋯。」

　　在一臉怒容走來的小豆前面十步距離的地方，小栗就站在那裡，也就是小豆媽媽掛在嘴上作為比較對象的那個「小栗」。

正和同學們打打鬧鬧地往學校走去的小栗突然感覺好像少了什麼，趕緊翻翻書包。

「呃！哎呀，糟糕了！」
「怎麼了？」
「我好像忘記收拾用具了。抱歉，你們先走吧！我馬上跟過來！」

一臉尷尬的小栗倒退著從同學們中間走出來，揮著手對同學們說「教室見！」之後，轉身正要往家裡跑的那瞬間，砰！就和看著地面走過來的小豆正面相撞。

哎唷！

小豆和小栗同時扶著頭跌在地上，兩人之中體格高大的小豆先回過神來。小豆一眼就認出了跌坐在自己身前的人是小栗，不禁皺起眉頭。在小豆神經已經很緊繃的時刻，小栗這一撞就等於意外地扣動了扳機。

　　「喂！你走路不看路呀！因為你，我差點出大事了！」

　　小豆跳了起來，指著小栗罵。撞到的額頭火辣辣地發疼，跌倒時擦傷的手掌也有點刺痛，但小豆的火氣卻比這大了好幾倍，因為他等的就是這個時刻。

　　「怎樣？那你也應該好好看路避開呀。兩個人都有錯，不是嗎？」

　　小栗慢吞吞地直起身來，沒好氣地說。沒有好好看後面轉身就跑，的確是自己的不對，本來想趕緊道歉的，但一聽小豆那麼說，莫名其妙就覺得自己很冤枉，因為只看著地上走路的小豆也不是一點錯都沒有。

　　「你說什麼，小矮人！想揍揍嗎？」

　　小豆的大手推了小栗的小肩膀一把。媽媽嘮叨的聲音和爸爸失望地看著自己的表情，還有小栗對自己怒目而視的眼神混合在一起，點燃了他的怒氣。小豆的情緒慢慢地變成了一團滾燙黏稠的熔岩。

「那，那你的意思是要揍我嗎，現在？」

　　站在大塊頭的小豆面前，受到驚嚇的小栗臉色就像陰雲密布的天空一樣灰暗。一臉蒼白的小栗努力裝出若無其事的樣子問，但得到的不是道歉，而是對他結結巴巴說話的嘲弄。小栗很想大喊「別再說了！」，但他害怕拳頭會因此落到自己臉上，所以最後什麼話都說不出來。

　　「怎樣，怕了嗎？你以後不想挨揍的話，走路就小心點，膽小鬼！」

　　變得充滿自信的小豆翹起一邊的嘴角，似乎是覺得小栗很可笑。然後他用力推開垂頭喪氣的小栗，逕自走了過去。勉強掛在小栗肩膀上的書包翻落在地上，裡面的物品嘩啦啦地從一根手指頭大小的縫隙裡翻湧而出。

　　「傻呼呼地只有力氣大……，真想打他一頓！」

小栗氣呼呼地回頭看了一眼，事後才對著小豆後腦杓晃了晃拳頭。一粒火花飛進了小栗心中，事情是從哪裡開始變得不對勁的呢？如果自己好好看著前面走路，如果自己早一點出門，不，是一開始就好好收拾用具的話，不就不會發生這種事情了嗎？

「啊，煩死了，今天就沒一件好事！」

感覺就像在無數的選擇中，自己選了一個最爛的，小火花快速蔓延，變成了燎原大火。小栗一怒之下砰地一腳踢飛了腳邊的一塊小石頭。

聽到近處傳來的慘叫聲，小栗轉頭一看，一個同學抱著頭轉過身來。小栗踢飛的石頭似乎沒有朝著地面，而是無情地朝著某個人的腦袋飛過去。

「唉唷，我的頭！是哪個傢伙一大清早就丟石頭！」
「那、那個……，對、對不起。」

小栗快步走近憤怒的同學身邊，歉疚的心情讓他連頭都不敢抬起來。

怎麼這麼剛好，那塊小石頭就飛到人家頭上去了，小栗埋怨無辜的老天，結結巴巴地找了個藉口。

「我不是故意的，一大清早就一堆煩心事，我不由自主地才……。」
「煩心事？」

聽到熟悉的聲音，小栗猛然抬起頭來，站在自己面前的人竟然是芯理。「就是嘛，哪可能只有壞事發生！」，小栗不知不覺地鬆了口氣，如果是對任何人都很友善的芯理，應該能理解自己。

「發生了什麼事嗎？」

正如所料，芯理並沒有埋怨小栗或責罵他，只是對「煩心事」感到好奇而已。因為有新的趣事出現，芯理連頭被打到的事情都忘記了，一直追問個不停，小栗只好把早上發生的事情全都說了出來。小栗心裡還慶幸，作為原諒的代價，這樣算輕的了。

「好吧，這確實算得上煩心事。」

聽完小栗的話，芯理點了點頭。被「小豆」這傢伙傳染的怒氣，明顯經由小栗蔓延到芯理身上。

就在芯理想長篇大論地勸告小栗，再怎麼生氣，踢東西也是不好習慣的那時候。

「走開！」

某個人的一聲高喊擠開了芯理的聲音闖進來，面面相覷的芯理和小栗同時看向一旁。巷子盡頭小豆又用自己高大的身材威脅比他矮了一大截的同學們，小栗腦海中再次清晰地浮現之前的記憶，嚇得躲到芯理身後。

「他啦，就是他！剛才想揍我的大塊頭——小豆。」

芯理眼睛眯了起來，就是那傢伙呀，到處惹是生非的東西。芯理一把將手裡的小石頭丟了出去，呈拋物線飛出去的小石頭準確擊中小豆對面的樹。樹枝隨即晃動起來，掛在枝頭上搖搖欲墜的一粒果實啪地落在小豆頭上。

「啊呀！」

小豆發出一聲怪叫後四下張望。當小豆看見站在稍遠處的芯理和小栗時，他的鼻翼大張，心裡想著早知道就應該狠狠地教訓他一頓，讓他不敢再作怪才對。或許是因為心裡的熔岩在沸騰，小豆原本帶著淡紅色的臉上變得一陣青一陣白。

「這些傢伙真的是……。」

像猛獸一樣發出咆哮聲的小豆，似乎塊頭變得愈來愈大，褲子的接縫線啪噠啪噠地裂了開來。

「為什麼老愛……惹我生氣！」

隨著一聲怒吼，小豆身上的襯衫扣子迸射開來，芯理和小栗就像落入戰場一樣趴在地上。從張開的手指縫裡看到的小豆，一瞬間變身為全身毛茸茸的怪物。

「妳好大的膽子，竟敢惹我？」

邁開大步轉眼間就來到眼前的小豆，不，是金剛，抓著芯理的衣領輕鬆地舉了起來。嚇得魂飛魄散的小栗，早就躲到卡車後面從遠處觀望事態發展。芯理雖然兩腳懸在半空中，但臉上依然掛著從容不迫的笑容。

「你別就再把怒氣發在弱小同學身上了，好嗎？」
「妳這個鼻屎大的東西知道什麼？」

不理睬金剛的威脅，芯理豎起食指一圈一圈地轉動起來。就像玩點兵點將遊戲一樣，芯理的手指頭從金剛移向小栗，再經過芯理自己又移向金剛。

「其他的我不知道，但至少我知道你發在小栗身上的怒氣轉移到我身上，最後又回到你身上來。」

肌肉鼓脹彷彿隨時要發怒的金剛，以及躲在車子後方抖個不停的小栗，都一臉莫名其妙的表情。什麼叫怒氣轉移到別人身上？怎麼轉移？兩人只覺得混在空氣中的氧氣全都變成了問號。

111

金芯理的心理諮商室

什麼是防禦機制與轉移作用？

防禦機制是一種試圖擺脫罪惡感或焦慮以保護自己心靈和維持心理穩定的方式。小豆為了保護自己把怒氣發在小栗身上，這種行為便是使用了所謂「轉移」作用的防禦機制。

在學習跆拳道、拳擊或合氣道等武術的時候，
首先要學習的是什麼？就是包括「護身倒法」在內的
防禦技巧，其次才學習刺拳和踢腿等攻擊技巧。

也就是說，比起攻擊對手，保護自己
不受對方傷害更重要。

就像這樣，我們的心靈也具備了保護自己的技巧。
當心靈受到威脅時，我們就會欺騙自己或用不同解釋
將情況合理化，藉此保護自己的情感不受到傷害。

這種防禦技巧在心理學上稱為「防禦機制」。

我的名字叫佛洛伊德，這個理論就是我建立的。

就像格鬥技巧中有各式各樣防禦技巧一樣，防禦機制的種類也很多。

最具代表性的就是拒絕面對現實的「否認」作用。

你不是死了，而是去了天國吧？對不對？

對事情從不同角度認知的「合理化」作用。

哼，算了！反正那葡萄一定很酸！

咕嚕嚕

還有外在行為和內在感受欲望恰恰相反的「反向」作用等。

轉移作用也是這種防禦機制之一，就是指將自己感受到的憤怒移轉到比自己弱小的人身上以化解憤怒的心態。

「這就叫做轉移作用啦！你把怒氣發洩在小栗身上，小栗又把怒氣發洩在這麼小的一顆石頭上面，因為你們各自認為對方比自己弱小。」

聽了芯理的話之後，金剛雙手抱頭似乎很痛苦的樣子。趁此機會從金剛手下逃離的芯理用手拍了拍衣角，但是被弄得皺巴巴的衣角撫也撫不平，芯理嘆了口氣只好放棄。剛才還搖搖晃晃的金剛故意和芯理作對說：

「唉唷，我的頭呀……。就算這世上真有防禦機制這回事吧，所以怎樣？照妳的說法，我那麼做是為了保護自己，那我也是迫不得已呀！所以，問題出在哪裡？」

金剛反咬一口地大聲嚷嚷，就在芯理正要開口說什麼的時候。

「可是……！」

一道聲音突兀地在芯理和金剛彼此瞪視的緊張氣氛下響起，兩人都轉頭望過去。視線所及之處，小栗握緊雙拳站在那裡。

「欺負別人就是不對的行為！」

站得筆直的小栗直視金剛漆黑的眼睛。

這瞬間，小栗心想，金剛要是真的強大的話，就應該不會做出這種把怒氣發洩在別人身上的事情才對。反而是因為他膽小又無恥，才會一直針對弱小的對象欺負。一旦有了這種把握，小栗便再也不懼怕眼前的金剛了。

「為了保護自己去傷害別人是自私的行為，所以你不是真的強大，你只是一個假裝強大的膽小鬼！」

沒必要從一個只有塊頭大的傢伙身邊逃走，也沒有理由這麼做，這個事實給了小栗堅強的後盾。小栗氣勢高昂的吶喊讓金剛退縮了，但還不足以喚醒沉睡在金剛厚實身體裡的小豆。金剛一臉比剛才更痛苦的表情高聲喊著：

「我才不是膽小鬼，你胡說！你是想叫我不要使用盾牌嗎？」
「不是！」

芯理往前踏出一步，斬釘截鐵地回答。

「就算盾牌不是刀具，也不應該任意揮動。一個不小心，盾牌也會變為武器。」

金芯理的心理諮商室

什麼是防禦機制的光明和陰暗面?

防禦機制雖然是保護自己免於焦慮的方法之一,
但經常使用也可能帶來負面效果,
因為被視為盾牌的防禦機制有時也會變成武器。

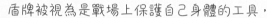

盾牌被視為是戰場上保護自己身體的工具,
有時也會拿來當成攻擊的武器。

尤其是文藝復興時代使用的
盾牌「小圓盾」,還可以用來
牽制或打擊對手。

16世紀也經常
出現只使用盾牌決鬥
的情況。

呃啊!

砰!

就像這樣，作為我們心靈盾牌的防禦機制，
如果使用不當或過度依賴的話，
也會成為傷害他人的工具。

如果經常使用其中欺騙自己、改變視角的方法，例如「否認」、「投射」或「轉移」等防禦機制的話，心就很容易生病，變得非常脆弱。

如果一直躲在盾牌後面，就會忘了該怎麼對抗
負面情緒或情況。

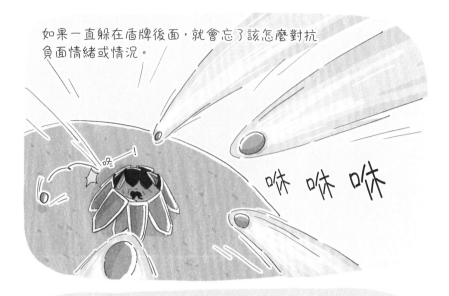

為保護自己所使用的盾牌，反成了傷害自己的障礙物。

因此，想成為心靈強大的人，
與其因為害怕而躲藏起來，
更應該領悟勇敢對抗的方法。

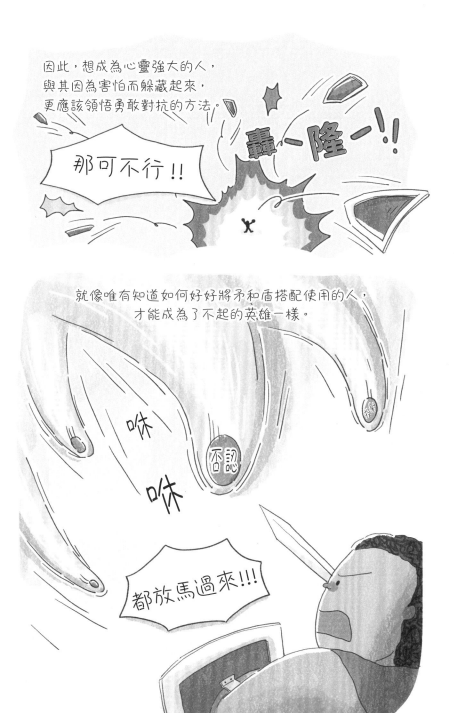

就像唯有知道如何好好將矛和盾搭配使用的人，
才能成為了不起的英雄一樣。

金剛那原本堅硬如柱的雙腿，無力地跪了下去，這也等於他終於承認自己揮舞的盾牌對某些人來說已經成了利刃。

「此時此刻，你覺得自己成了一個非常強大的人，對吧？因為同學們都被你嚇到了，看到你就害怕。」

芯理走到跪在地上的金剛面前，把手放在金剛毛茸茸的肩膀上，順著毛慢慢撫摸。

「但是小豆，當你的外表像金剛一樣變得愈來愈大的時候，你的內心就會漸漸縮小。然後到了某個時候，真正的你就會消失，只剩下了金剛。」

芯理說完話，金剛緩緩抬起頭來，難道我得以這副模樣生活一輩子嗎？金剛低頭看著自己的雙手，入眼的不是柔軟白皙的手，而是被又黑又硬的毛皮包覆的前肢。

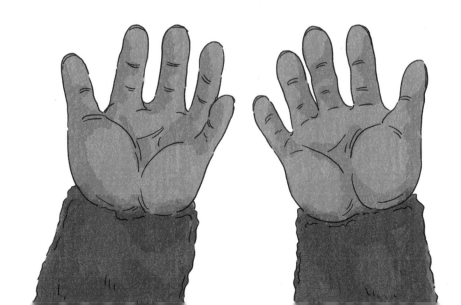

「我、我不要……。」

「那你就應該將你內心的那團熔岩取出來，在真正的你融化之前。」

我內心的熔岩？光是想起來，就覺得怒氣又冒了上來，金剛呼地吐出長長的一口氣。猶豫了好一陣子之後，才終於像蜘蛛吐絲一般，慢慢地吐露心聲。

「我對每天只會責罵我的父母感到氣憤，我已經在努力用功了，但他們總愛拿小栗來跟我比較，要我更努力……。」

小栗聽到自己名字從金剛嘴裡冒出來，嚇得肩膀抖了一下。

「……我父母還叫我要像小豆一樣勇敢呢！」

小栗低聲地自言自語。被人拿別的孩子來跟自己比較是什麼樣的感覺，小栗非常清楚。雖然他沒有表現出來，其實心裡總是很羨慕被拿來當比較對象的小豆，但沒想到小豆也被迫和自己相比。就在小栗因無以名狀的認同感而皺起眉頭時，金剛說起了以前的事情。

「每次被父母罵的時候，我就覺得自己是個沒用的人，所以才想把氣發在同學身上吧，想藉此讓同學們承認我的存在。」

　　每當同學們顫抖地躲避自己時，金剛就有種自己變強了的感覺，尤其是被父母狠狠責備的當天，他更是變本加厲。當他愈畏縮的時候，他就愈兇狠地對待同學們，用同學們害怕的臉孔來安慰自己。

　　「可是……，我知道那是不對的，因為欺負同學並沒有讓我的怒氣消失。」

　　優越感就像流星一閃就消失。流星消失後，只留下如漆黑夜色般的悲傷。

　　「從現在開始，我不會再做這麼卑鄙的行為了。」

　　金剛終於明白,要逃離那深深的黑暗,他需要的不是剎那的光亮,而是願意陪伴他一起走在冰冷黑夜的同學們的溫暖小手,以及等待黎明即將到來的希望。

　　「我不會再躲在金剛的外表後面了!」

　　隨著金剛下決心的一句話,他的胸口射出一道明亮的光芒。在這道強烈到耀眼的光芒下,芯理和小栗都緊緊地閉上眼睛。不知過了多久,耀眼的光芒一閃之後消失,小豆的兩隻小腳輕快地踏在地面上。

　　「喔喔,金剛又變回小豆了!」

小栗勉強睜開刺痛的眼睛，一看到小豆的樣子就喊了起來。小豆有這麼矮嗎？小栗懷著不知從何而來的喜悅心情跑了過去，一把抱住小豆。在一旁欣慰地看著這一幕的芯理也張開雙臂，一起擁抱了兩個人。

　　「我要努力成為一個內心真正堅強的人。」

　　在芯理和小栗的懷抱中，小豆下了堅定的決心，再也不會做出為了保護自己而傷害別人的事情。看到小豆臉上愈發放鬆的表情，芯理也在原地蹦蹦跳跳，開心地笑著。

　　「我就知道小豆你做得到！」
　　「嗯，可是同學們……。」

　　小豆的語氣又變得沉重起來，這也使得芯理和小栗臉上又恢復凝重的表情。難道他的心又開始沸騰了嗎？還是說，他又開始有了濃毛要長出來的感覺？小栗一著急忍不住大叫一聲「怎麼回事呀？」，催促著小豆說出：

　　「我們……遲到太久啦！」

　　這時小栗才低頭看了看手錶，不知不覺中手錶轉得飛快，距離到校時間已經過了二十分鐘。面如土色的芯理帶頭跑出巷子。

唉唉叫著「結果還是沒能收拾用具！」的小栗跟在她後面跑。

　　「小豆，還不跑在幹什麼？」
　　「嗯？喔！等等我！」

　　聽到小栗的喝斥才回過神來的小豆，拔腿就跑。只要有相信自己、陪伴自己的朋友，就算遲了點也一定可以走進校門。小豆一直回頭看，不知道為什麼，他有種金剛站在巷子口觀察著自己的感覺，這是他沒有告訴好友們的祕密。

第5章
不受喜愛的我
也可以成為班長嗎？

　　孩子們三三兩兩結伴走進校門，不知何時天氣稍微轉涼，穿著薄夾克的老師開心地揮著手說：

　　「同學們，早安！」

　　「不該說早安，應該說早睏才對……」千辛萬苦走陡坡上來的芯理想了想。就在她打了一個大大的哈欠時，感覺後面有人盯著自己瞧，便猛然回過頭來。

　　「剛才是怎麼回事？」

沿著上學路兩旁種植的行道樹中，有一棵樹晃動得很厲害。從馬路通往校門口的這條路上，經常有小動物出沒。芯理心想大概是松鼠或麻雀，或者是流浪貓吧，但即使如此，樹葉的動靜也未免太大了。

　　「芯理！我們等一下可以去諮商室玩吧？」
　　「嗄？喔喔，那還用說，當然可以。」

　　就在芯理懷著疑惑的心情正要走向行道樹時，一個眼熟的同學跟她搭了話，是平時也常來諮商室玩的芝英。芝英可能一點也不睏吧，本來就很圓的眼睛被她睜得更圓，沒頭沒腦地說起前一天晚上在電視上看到的藝人和在補習班發生的事情等等。

　　「不過芯理，妳從剛才就一直在看那個地方，那裡有什麼東西嗎？」

芝英大概是對不斷把眼光轉向行道樹方向的芯理感到很納悶才會這麼問，看來芯理不自覺地把注意力都放在了感覺有動靜的地方。芯理含糊其辭地回答「什麼都沒有」，也反覆告訴自己是沒睡醒看錯了。這麼一想，芯理心中就輕鬆多了，趕緊加快腳步朝校門走去。

「可是真的很奇怪……。」

然而，無論芯理多麼努力想忽略這種感覺，卻還是做不到。因為那種微妙的氣息如影隨形般地跟到了教室來。即使在同學們七嘴八舌聊天的時候，不動如山地坐在位子上看書的芯理也感覺有一股灼熱的氣息釘在她的後腦杓上。芯理再次感覺有人在盯著自己看，便抬頭四下張望，卻沒有碰上與她目光相觸的人。

「啊，怎麼剛好前幾天我才讀到那種東西。」

芯理歪著頭想起了幾天前才在書裡看到的一個恐怖鬼故事，就是故事主角一直感覺有人在看自己，結果發現原來是一縷陰魂的故事。

「唉唷，不會吧！」

　　芯理雖然這麼說，但還是用手壓住豎起的頭髮。接下來不管是上課時間、下課時間，甚至中午吃飯時間，芯理都處於超級緊張的狀態，她敢肯定某個人的視線執著地在她周圍打轉。最後，開業以來第一次鎖上諮商室大門的芯理，邁著沉重的步伐穿過操場。

「芯理，妳哪裡不舒服嗎？」
「喔？沒、沒事啦！路上小心。」
「嗯，妳也是！明天見。」

　　面對首次碰上的情況，芯理十分驚慌。雖然芯理總是以從容不迫的態度彈性應對任何事情，但這次的情況有點不同。萬一真的有鬼，那就應該找驅魔師出馬了。這時，相同的氣息再次籠罩了芯理。芯理抓住機會迅速地轉過頭來，就看到一個黑色身影飛快地從同學們中間跑了出去。

「喂，你是誰！給我站住！」

　　芯理順著無以名狀的直覺，開始追著黑色身影而去。她敢肯定這人就是一整天跟蹤自己、讓自己快崩潰的傢伙。幸好不是鬼，芯理放下心來，也更加快了腳步。

「還不快站住！你這個跟蹤狂！」

芯理和逃得遠遠的人影之間逐漸拉近距離，可能是察覺到芯理的緊追不放，那傢伙飛快地躲到轉角後面。生怕他跑掉的芯理也迅速改變方向，不知不覺間抵達的地方是位於操場正對面的垃圾焚化場後院，就在執意追趕的芯理伸手快碰到那傢伙肩膀的一剎那。

「呃啊！」

逃得飛快的傢伙被石頭絆倒，一不小心摔倒在地上。看到前面的人摔倒，在後面追趕的芯理馬上煞住腳步走過來。芯理氣喘吁吁地把手放在趴地不起的傢伙肩膀上。

「是你吧？一整天在後面跟蹤我、盯著我看的人！」

　　隨著激昂的聲音，頭被扭了過來的主角竟然是蕪名，以安靜、缺乏存在感出了名的蕪名為什麼做出這種事情呢？就在芯理感到荒謬之際，蕪名整了整摔倒時弄歪的眼鏡戴好。

「金蕪名，你為什麼跟蹤我？」
「那個呀……，就是呢……，其實是……。」

　　蕪名結結巴巴地說不出話來，芯理拉著他的手走到附近的休息區，然後從口袋裡掏出幾枚硬幣，投幣買了清涼飲料給他。冰涼的易拉罐一碰到手，蕪名才似乎有了一點精神，緩了口氣。

「所以你的意思就是你想當班長？」

在蕪名嘟囔的過程中，芯理似乎聽懂了重點，一針見血地反問他。蕪名點點頭，坦承他的煩惱就是想當班長。他想知道方法才追著芯理跑，但因為提不起勇氣，只能跟在後面伺機而動。芯理這一整天覺得怪怪的心情，現在終於消失了。

「我雖然是一時興起想出馬競選，但仔細想想，卻沒有把握能獲勝。因為我的成績沒多好，朋友沒那麼多，也不是那麼受歡迎⋯⋯。」

蕪名用腳尖踢著地面。

他覺得自己無論如何都很難當上班長，說著說著都快哭了。「幹嘛想得這麼消極呀！」芯理在心裡嘀咕。突然間，蕪名抓著芯理的手說：

「芯理，妳能不能教我怎麼當上班長的方法？」

芯理因為這句荒唐無稽的話打了一個寒顫。之前她的確是傾聽了許多人的煩惱，偶爾也提供解決方案。但，什麼叫當上班長的方法呀！帶著這種煩惱過來的同學，這還是第一次。芯理用懷疑的眼神看著蕪名，想知道他是不是真的把自己誤認為是萬能解決師或魔法師。

「真是的，這世上哪有什麼當上班長的方法。」

「啊，為什麼沒有！妳不是知道世上所有的真理嗎？所以妳當然也知道怎麼樣能當上班長，不是嗎？拜託妳教教我啦，嗯？」

蕪名用懇切的眼光盯著芯理看。很顯然地，如果不教他的話，他絕對會追著芯理到地球盡頭，繼續發射令芯理「毛骨悚然的眼神」。芯理搖了搖頭說真的沒辦法，因為她也不知道如何才能當上班長。如果她知道的話，她就不會坐在小學諮商室裡，而是坐在總統府裡了。

第100任總統金芯理

但是，蕪名覺得芯理有足夠的資格教他贏得人心的方法。芯理一點頭，蕪名就握緊拳頭發出開心的歡呼。

「俗話說知己知彼、百戰不殆，所以要先知道對手的情況。候選人有誰呀？」

「有聰明、又會運動、也很受大家喜愛的藝仁，是我們學校的超級巨星！」

蕪名的眼神一下子就從希望的黃色轉變成嫉妒的紫色。藝仁很有名氣，即使是轉學生的芯理也對她耳熟能詳。藝仁各方面都十分完美，無論是對同學們來說、對學生家長們來說，甚至是對教師們來說，都算是一個令人羨慕的孩子。要和這樣的藝仁競選班長，蕪名的確該煩惱。

「這是強者對弱者的結構……。」

芯理思考了好一陣子之後才開口。

「看來得利用『哀兵效應』才行。」
「哀兵效應？」

蕪名推了推滑落到鼻尖上的眼鏡，想著又不是要上演哭戲，哀兵效應是什麼意思？芯理似乎一眼就看穿他的想法，像花蕾一樣綻放出笑容來。

「我說的是一種為劣勢者加油的心態，只要運用得當，你也有可能成為班長。」

聽到芯理這麼說，蕪名兩眼發光。我有可能成為班長？蕪名千百次地稱讚著自己，幸好自己一整天都跟在芯理的屁股後面跑。

金芯理的心理諮商室

什麼是哀兵效應?

哀兵效應是指人們會支持被視為劣勢者的主體或
對表現出劣勢的主體產生同情的一種現象。
蕪名真的能戰勝超級巨星藝仁嗎?

雖然現在已經禁止了,但很久以前有所謂「鬥狗場」的
地方,就是讓幾隻公狗互鬥,供眾人圍觀的場所。人們
會將打鬥的兩條狗中

占上風的狗稱為「勝犬」,

汪汪

吼吼一!

嗷嗷……

力氣小被壓在下面的狗稱為
「敗犬」。

這時，就像那些為毫無勝算的敗犬加油打氣的人一樣，在某種情況下希望劣勢者能贏的心理，就稱為哀兵效應。

也有人利用這種哀兵效應當選總統的，他就是1948年在美國出馬競選總統的哈利·杜魯門。

當時杜魯門是當選總統機率最低的候選人。

所以沒有人認為杜魯門會當選總統。

選舉結果都還沒出來呀！

就連杜魯門自己也這麼認為。

嗚嗚……，我知道，我選不上的……。

可是令人驚訝的是，到了選舉當天，結果卻整個翻盤，所有人都為被視為劣勢候選人的杜魯門投下同情的一票。就這樣，杜魯門光明正大地成為第33任總統。

真正的贏家是我！

第33任總統給哈利‧杜魯門

「比方說吧，如果備受眾人喜愛的藝仁是勝犬，那蕪名你就可以說是敗犬。」

蕪名一聽就很不高興，因為要他承認自己是敗犬多少有點殘忍。但只要能克服這種彆扭的說法，這會是一場值得一搏的競爭。尤其對既沒人氣也沒人脈的蕪名來說，顯然是再好不過的戰略了。

「什麼嘛，我還以為這世上沒有什麼當上班長的方法呢！妳明明知道，是不是故意藏起來不說呀？」

芯理張開雙手手掌拚命搖晃，表示自己很冤枉。嚴格來說，哀兵效應並不能保證一定會當上班長，只不過可以提高當上班長的機率而已。芯理是因為看到蕪名在競爭還沒開始就一副垂頭喪氣的模樣，覺得他很可憐才告訴他的，看來蕪名似乎完全誤會了。

「哀兵效應真是好東西！根本就是萬能嘛，就算是比我強大的人也可以一拳擊倒。」

不知道蕪名是否理解芯理複雜的心境，兀自開心地咧著嘴笑，他的心情就彷彿已經拿到了清楚印著自己名字的委任狀似的。芯理把沉醉在幻想中的蕪名拉到自己身旁讓他坐下來。

「哎唷，不是跟你說了絕對不可以把它想得那麼誇張嗎？」
「為什麼不可以？如果照妳的說法，我不只能當上班長，還能當上總統、當上超級英雄呢！」

芯理把一個藥瓶遞到興奮不已的蕪名面前，蕪名用雙手小心翼翼地接過藥瓶，裝有透明液體的玻璃瓶表面貼著一個四方形標籤。

「警語？」

蕪名平靜地閱讀伴隨著大大的骷髏頭、以駭人紅色字體寫的警語——「注意：誤用或濫用時，有可能引發認知錯覺」。蕪名讀了兩遍、三遍、一讀再讀還是無法理解。對一個身高只有一公尺多的孩童來說，這句話實在很難理解。

「……這是什麼意思？」

「是說隨便濫用會造成大腦故障。」

「妳說什麼？！」

芯理用著與恐怖內容相反的淡然語氣，讓蕪名嚇得發抖。是指喝了這個藥，腦子就會壞掉嗎？蕪名用顫抖的手把藥瓶翻轉過來，瓶底用鮮明的字體寫著「劣勢者」。

「哀兵效應也是有副作用的，就像這瓶藥一樣。」

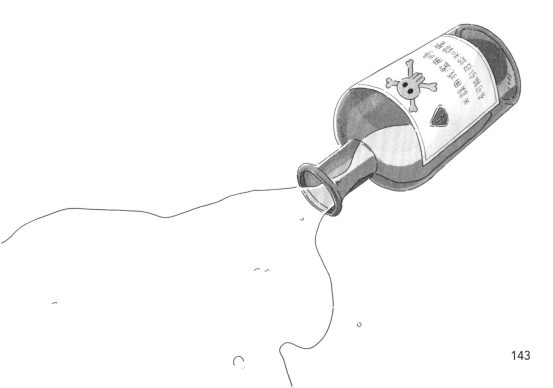

金芯理的心理諮商室

什麼是哀兵信條?

這是指無條件相信弱勢者是好人、
強勢者是壞人的現象。
我們經常抱持的偏見也很可能是一種哀兵信條。

哀兵效應的副作用被稱為哀兵信條 (Underdogma),
是意思為「劣勢者」的「Underdog」和意思為「信條」的
「dogma」結合而成的複合字。簡單地說,就是無條件相信
弱者是好人、強者是壞人的意思。

譬如無條件相信學生年紀小、心性單純，不可能犯罪。

或者無條件認為富人的錢都是靠不法手段賺來的。

一位在選秀節目中很受歡迎的無名歌手，當他成名之後反而人氣下滑，這也可說是出於哀兵信條的現象之一。

當劣勢者爬升到優勢者地位時，人們會因為他不再有劣勢者的感覺，便轉頭尋找另一位自己可以支持的劣勢者。

雖然我們不應該忽視比自己弱的人，但也不能因為對方看起來很柔弱，就無條件相信他們是善良的。

因為只看一個人的外表，
我們無從判斷他是真的善良還是假裝善良。

所以我們需要提高警覺，因為利用人們的同情心犯罪的
事情也不在少數。

「那妳的意思是說，投票給我的同學們也可能會陷入哀兵信條嗎？那可不行！」

蕪名把手裡拿著的藥瓶猛地扔向芯理，心中深深埋怨芯理事後才告訴他這麼令人毛骨悚然的副作用。他只聽過「打一巴掌揉三下」這種話，現在這「揉三下打一巴掌」算什麼呀！

「好，那你想知道的事情都知道了吧？我走囉。」
「喔喔，妳要去哪裡？」

就在蕪名煩惱著要不要使出哀兵效應的時候，芯理一下子從位子上站起來，蕪名趕緊抓住慌忙要走出後院的芯理衣袖。芯理雖然嘴裡嘀咕著「又怎麼了？」，但還是乖乖地坐回長椅上。

「哀兵效應的副作用那麼可怕，為什麼人們還那麼熱中呢？」

蕪名不太能理解，就以學校來說吧，比自己聰明的同學多得很。如果把全世界像口袋一樣澈底翻過來的話，那聰明人一定多到足以填滿整個太平洋了，他們沒道理不知道哀兵效應的副作用，那麼他們為什麼願意承擔副作用，也要支持劣勢者呢？

「又不是笨蛋。」

「他們不是因為笨才那麼做的。」

芯理似乎看穿了蕪名的想法，說出了這句話。蕪名迫切地希望芯理能解決自己的疑問，他在等待芯理清清喉嚨開口說話的那一刻前，感覺時間漫長得就像永恆歲月一般。

金芯理的心理諮商室

支持劣勢者的理由是什麼？

因為我們的大腦會對意料之外的事件出現更敏感的反應，
所以便會產生期待劣勢者逆轉的心理。就像我們更喜歡
歷經苦難和逆境，最後終於成功的主角一樣。

人們支持劣勢者的理由有三個。
第一、出於同病相憐的心態，人們在生活中
會經歷許多失敗和挫折，就像賽跑或考試的時候，
拿不到第一名的情況一定更多。

因此，比起每次都拿第一名的人或每次都獲得優勝的隊伍，人們對一再敗北的一方更有親近感。這就和我們會對與自己有許多相似點的朋友產生好感是同樣的道理吧？

呼～
唉唷喂，原來不是只有我一個人考得不好～

很難，是吧？

沒錯

是呀

第二個理由是，這樣能得到更多的滿足感。假設我們正為經常在棒球比賽中奪冠的球隊加油。

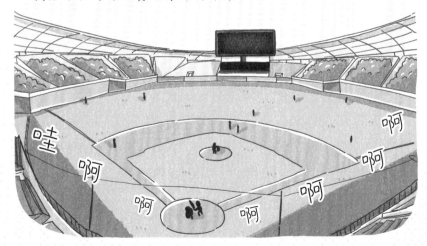

哇
啊
啊
啊
啊
啊
啊

就算是奪冠，次數多了的話，

習慣以後，喜悅就逐漸減少。

相反地，一旦敗北，失望也會成倍地增加。

沒奪冠的話就別打棒球了！

但如果是相反的情況呢？一支經常被預料會輸球的球隊，這次也輸了的話，人們不會感到太失望。

又輸了！

B:00000:0
R:23154:15

但是當這支球隊打破所有人預測獲得冠軍的時候，
就會像幸運意外找上門來一樣高興到難以言喻的程度。
就像這樣，為劣勢者加油會比為優勢者加油少一點失望、
多一點喜悅，因此就產生了想為劣勢者加油的心態。

第三，對優勢者的猜忌和嫉妒。

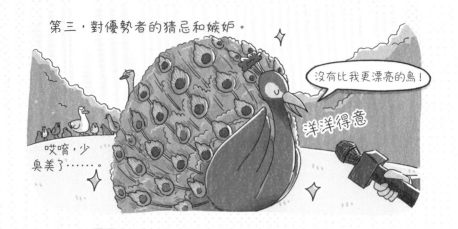

沒有比我更漂亮的鳥！

洋洋得意

哎唷，少臭美了……。

德文有個字叫「Schadenfreude」（幸災樂禍），意思是看到別人的不幸或痛苦時反而感到高興的心理。

我的天呀！

黏糊

黏糊

用我們的話說就是「活該」。

嗚嗚嗚，我漂亮的翅膀！

當我們看到讓自己感到自卑和嫉妒的對象品嘗挫折的滋味時，大腦裡有一個和被人稱讚時相同的部位會受到刺激。

全校第一名的傢伙，自以為了不起，結果競選學生會長時落選了！活該！

獎勵迴路

媽媽要我幫忙的事我都做完了，被媽媽大力稱讚！

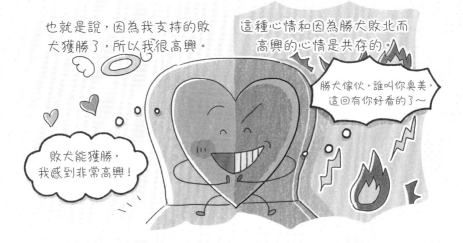

也就是說，因為我支持的敗犬獲勝了，所以我很高興。

這種心情和因為勝犬敗北而高興的心情是共存的。

勝犬傢伙，誰叫你臭美，這回有你好看的了～

敗犬能獲勝，我感到非常高興！

就像這樣，各種複雜的理由混雜在一起，才會出現支持劣勢者，而不是優勢者的「哀兵效應」。

「芯理，聽了妳的話之後，我總算明白了。」
「明白什麼？」

聽了芯理的話之後，蕪名沉默了好久才開口說話。蕪名的眼睛就像巫師的水晶球一樣時時刻刻變換著不同的色彩，這意味著他的心中五味雜陳。

「我之所以想當班長，是因為我嫉妒藝仁。」

彷彿從水井中拉起吊桶一樣，蕪名掏出來的心被青苔和水垢弄得十分骯髒。雖然又髒又臭又陌生，但攤開來之後就覺得很痛快，終於可以結束過去因為對藝仁的莫名情緒而煩悶不堪的日子。

「我想，我大概是想取代藝仁的地位吧，因為她聰明、個性好、朋友也多。就算要勉勉強強穿上不合身的班長外衣，我也想模仿她。」

把積壓多時的心情吐露出來並不代表「嫉妒」的情感就會消失，但至少可以一舉讓自己擺脫壓抑多時的自卑情結或過度的貪念。光是這樣，蕪名的心情就有種甩掉五公斤體重的感覺。

　　「我想，就算當不上班長也無所謂。因為能搞清楚自己的情感，我的心情就好得像要飛起來似地。」

　　蕪名聳聳肩，感覺心情愈發輕鬆。芯理伸出手拍了拍蕪名的肩膀。

　　「蕪名，你真了不起。誠實面對自己情感不是一件容易的事情，長大以後，你一定會成為一個優秀的大人。」

　　蕪名雖然聽懂了芯理的話，卻故意說話刁難她。因為他吐露心聲之後，不知為什麼感到有點難為情，所以這麼做的話，似乎能稍微消除他羞愧的心情。蕪名在心裡暗自嘀咕，坦白承認的事情一天裡有一次就夠了。

　　「妳現在是在逗我嗎？」
　　「才不是呢！這算是誇獎！」

　　察覺到蕪名耳尖發紅的芯理，也同樣調皮地頂撞回去。初秋的涼風吹拂過逐漸轉為深藍色的天空。

幾天後，走過空蕩蕩的走廊、匆忙去了趟化妝室的芯理走近窗戶邊，這間教室和其他安安靜靜的教室不同，裡面正如火如荼地進行班長選舉。

　　「好，最後一票是⋯⋯。」

　　老師把手伸進箱子裡，拿出一張摺得小小的紙。同學們一面等待結果揭曉，一面敲著書桌，那聲音之大，連站在窗外的芯理都搗住了雙耳。從老師修長的指尖展開的紙上，寫著熟悉的名字。

　　「延藝仁！」

　　老師公布之後，同學們像是早就預料到似地異口同聲歡呼起來。藝仁有點尷尬，但隨即配合掌聲向前一步出列走到講桌前。

　　「我們班班長由藝仁當選。來，大家一起鼓掌！」
　　「同學們，我以後一定會好好努力，謝謝大家投票給我！」

　　笑得像天使一樣美麗的藝仁低頭感謝，把臉貼在窗戶上窺探教室動靜的芯理轉動了一下眼睛，看到了以立正姿勢站在黑板前面的蕪名。

蕪名和同學們一起鼓掌，從他臉上看到的是暢快多於苦澀。

　　「真的恭喜妳，藝仁，我就知道妳會當上班長。」

　　蕪名走到藝仁身邊向她道賀，這是沒有摻雜猜忌和嫉妒、純度百分之百的真心。當蕪名伸出手想和藝仁握手的時候，藝仁沒有握住他的手，而是拉過來一把抱住他。

　　就在蕪名因突如其來的擁抱而愣住的時候，藝仁嫣然一笑地說：

　　「我也恭喜你，副班長！」

我是不是聽錯了？蕪名眨著眼睛反問：

「……什麼副班長？」
「你不知道嗎？得票數第二多的人自動成為副班長呀！」

我的天，對藝仁的嫉妒心蒙蔽了蕪名的雙眼，竟然完全忘了這件事。蕪名在藝仁的擁抱下轉頭看了看旁邊，黑板上繼藝仁之後第二多的筆劃數就畫在自己名字旁邊。

班長選舉
延藝仁 正正丁   金蕪名 正正

羅巧女 正一   吳味子 下

「我們以後好好努力吧，蕪名！」

藝仁高興地在原地蹦跳，蕪名這時才一臉有了真實感的表情，傻呵呵地笑起來。我居然是副班長！蕪名對自己成為副班長，而不是班長，一點也不覺得遺憾。沒想到有那麼多的同學投票給自己，這讓他感到非常高興。蕪名心想，或許這一刻就是對他吐露心聲的獎勵。

「嗯，藝仁，也請妳多多關照！」

心花怒放的蕪名突然望向窗外，走廊上空無一人，但蕪名一眼就看出芯理來過了。被熱熱的吐息染成白色的窗玻璃一角，畫著一隻有可愛臉孔的小狗。

第6章
A型血的人
不見得膽小？

芯理陷入深深的煩惱中，因為最近諮商室都沒有人上門。這是從來不曾出現過的情況……，芯理抓著自己的頭髮恨不得全扯下來。

「今天、昨天、前天全是一片空白！」

芯理翻閱寫有「金芯理的心理諮商室」的簽名簿，裡面寫滿了到目前為止來過諮商室的同學名字。一整排首尾相連的名單，某個瞬間就像麥芽糖突然斷掉了一樣。最後一個是上個禮拜來造訪的元植，他原本每天都會過來。

「常客快沒了……，是不是有奇怪的謠言在哪裡流傳呢？」

芯理砰地一拳砸在桌子上，除非是有流言蜚語在哪裡流傳，否則不可能在一夜之間就變成了這樣。但是，謠言總是到了最後才會傳入當事人耳裡，因此就算有奇怪的謠言四處流傳，芯理也不可能知道。

「哪個人呀，被我抓到的話你就慘了！」

芯理早就確定同學們是因為謠言才不見蹤影的，除此之外，她找不出其他特別的理由。照這樣下去，要是同學們以後都不來了，那怎麼辦？落寞地鎖上諮商室大門的芯理嘆了口氣。照這樣再過幾天，或許諮商室就得被迫關門大吉了。

「那到時候該怎麼辦。」

儘管是陽光燦爛的大白天，芯理眼前卻一片黑暗。如果知道謠言的來源處，至少還能澄清一下。芯理背負著複雜的思緒，從學校後門走了出來。和擠滿小吃店、文具行、跆拳道館等等的前門不同，透天厝和高層公寓林立的後門是一條相對冷清的道路。

「……咦？為什麼大家都聚在那裡？」

不知道怎麼回事，後門前的巷子裡同學們人山人海地聚在一起。低頭看著腳尖走路的芯理，聽到鬧哄哄的聲音便抬頭四處張望。人群中偶爾出現幾張熟悉的臉孔，是把諮商室當成自己家一樣走動的同學們。

「好，讓我看看，下面該誰了？」
「我，是我！」
「不，是我先來的。」
「明明就說輪到我了？」

芯理走上前來，就看到一個席地而坐的老人。老人身上穿著華麗衣服，上面繡有美麗的紋飾，手輕輕撫摸著一顆大大的水晶球。老人一說完話，孩子們爭先恐後地舉起手來，甚至互相推擠深怕別人插隊，那模樣就像等著食物的雛鳥一樣。

「那邊，就是你！」

就在芯理一臉困惑地掌握情況之際，老人指著一個孩子。氣喘吁吁跑出來的人，就是三天兩頭來諮商室的元植。元植在老人身前一跪下來，老人就把褪色的塔羅牌在他面前一字排開。

「從裡面挑兩張。」

元植一臉緊張地正要把手伸向塔羅牌的時候，老人的扇子擋在了前面，露出想要什麼東西的眼神。元植這時才像是想起了什麼似地連忙翻起褲子口袋，一張皺巴巴的五千韓元紙鈔就夾在他胖呼呼的手指頭中間拿出來了。

「這是我一個星期的零用錢……。」

元植是出了名的大胃王，明明午餐就吃得很飽，放學路上總是要再買一份一千韓元的辣炒年糕來吃。即使同學們引誘他去遊戲廳玩，他也從來沒有上過當。他就是一個只把零用錢像存定期存款一樣全獻給小吃店的傢伙。而這樣的元植居然給出了相當於五盤辣炒年糕的錢，芯理揉了揉眼睛，對這一幕感到難以置信。

「謝謝你的占卜費。」

老人從元植手裡搶走五千韓元紙鈔，把錢塞進坐墊底下，這才收回扇子。想到飛走的辣炒年糕悲從中來的情緒也只是一時的，元植用指尖掃過放在自己面前的塔羅牌，挑選了兩張給他帶來觸電感的牌遞到老人面前。

「啊哈，讓我看看……。」

老人一手拿著牌，皺起了眉頭。看到他嚴肅的表情，元植不自覺地吞了口口水，又不是嘴裡有食物，像這樣吞下這麼多口水還是第一次。閉緊雙眼抖個不停的老人，突然大喝一聲，抬起了眼皮，包括元植在內的孩子們全都把視線集中到一個地方。

「你雖然看起來很隨意，其實比想像中更認真。要說你膽小怕事，卻也有為人打抱不平的一面。而且看起來很能吃，力氣也很大，但碰到大熱天，你就變得無精打采。」

「啊，對、對極了！」

聽了老人似乎對自己一清二楚的話，元植搗住了自己的嘴。孩子們也對老人神奇的本領議論紛紛。

「你看，真的全說對了吧？」

「哇，真的耶！」

插不進孩子們中間、只在外圍打轉的芯理，啪地拍了一下額頭，原來這就是大家都不來諮商室的原因！後知後覺的芯理搖著頭不願意接受這個令人不敢相信的事實。大家不去諮商室，卻跑來找這個神棍，還不如相信有對於自己的奇怪謠言在流傳要好得多。

「那我們來卜卦吧！」

老人說完有關元植的一席話之後，就開始搖晃裝有木條的筒子，一看就可以看出是用筷子磨製的粗製濫造東西。

孩子們不明就裡，腦袋跟著木條轉圈圈。就在轉得快頭暈時，老人抽出一支木條拿在手上。

「啊哈，小凶！要小心水和人。」
「嘎？水、水和人？那該怎麼做才行？」
「什麼怎麼做，照平常生活就行。」

聽到不是來自前方，而是從後方傳來的聲音，元植轉過頭來看。圍住老人和元植的孩子們也一個個回頭看。如摩西分紅海一般散開的盡頭，站著一臉不以為然的芯理。芯理怎麼會在這裡？趁著孩子們議論紛紛之際，芯理分開眾人往人群裡走。

「你看看，根本就是個騙子呀，騙子！」

芯理拿起放在草蓆前面的簡易牌子。看起來像是切割舊紙箱做成的牌子上，用拙劣的字體寫著「鐵嘴神算，一卦五千韓元」，芯理看了張大嘴說不出話來。

「說一些理所當然的話，就要收五千韓元？而且還是小孩子的錢。我的天呀！」

「來找碴的呀？走開！」

老人對著冷嘲熱諷的芯理揮舞扇子驅趕。看著眼前一瞬間就亂成一團的景象，元植面露難色，現在正是要說出要緊話的時刻啊！不想白白浪費鉅款五千韓元的元植抓住芯理的手臂，為了不讓寶貴的零用錢變成冤枉錢，無論如何他都要聽完卜卦的結果。

「芯、芯理，拜託妳別鬧了，妳是因為我沒去諮商室生氣了嗎？」

「你說什麼？這話什麼意思？」

「妳怎麼可以因為那樣就跑過來，還毀謗人家。現在正是關鍵時刻，大家都等著呢！」

芯理環顧四周，大家的眼神都像在責備她「打擾」了有趣時刻，連一絲感謝或歡迎她的神色都找不到。

「對，妳這礙事的傢伙，還不快滾？」

有孩子們當靠山，變得威風凜凜的老人可惡地幫腔，甚至還用手上的扇子尾端戳了戳芯理的肩膀。

「放肆的小鬼，還不快走？厲害的龍神沒發怒，妳就該慶幸了。」

凶狠咒罵的老人一甩衣襬，坐回了原來的位置，看來是要繼續算卦的樣子。放著不管的話，一定會有許多孩子被這個騙子一時蒙騙過去。芯理的腦海裡對同學們的擔心占了上風，諮商室關門大吉的問題倒還在其次。

「哪有什麼厲害的，不過是生意的手段罷了！」

芯理丹田用力，一個字一個字清楚地發音。因為紛亂場面而四散開來的孩子們議論紛紛，什麼是生意的手段？幾秒鐘前還很高傲的老人，表情一轉變得很陰沉。

「這話什麼意思？妳是說到目前為止聽到的算命內容都是騙人的？」

元植抓著芯理肩膀直晃，彷彿不願意相信自己親手送走了五盤辣炒年糕這個事實。

芯理看了看元植，又把眼光移向遠處看了一圈孩子們。然後用堅定的語氣一個字一個字清楚地說：

「那不是真的算命，只是一種利用巴納姆效應的騙術而已。」

金芯理的心理諮商室

什麼是巴納姆效應?

這是指將人們共同擁有的性格或心理特徵誤認為是自己獨有特性的現象。這就解釋了孩子們會聽信胡說八道假算命的原因。

巴納姆效應是指將所有人共同會出現的傾向誤以為只適用在自己身上的一種現象。

 ※準確到令人毛骨悚然的各血型性格共鳴※ 👍 102 👎   ↪

共鳴 共鳴男女TV

評論 (182)   ▽

 朝鮮王朝抖一抖
哇,我是A型,真的一模一樣,毛骨悚然!
👍 👎

 alegretto
B型人真的很難伺候,每次睡覺被吵醒就發飆。
👍 👎
▲

 金賢承
哇,我哥是B型,完全一樣。
👍 👎

 ♥和小賢♥
什麼叫AB型的人會過著孤單人生?是真的獨特,還是裝得獨特?

這種「血型決定性格」的說法，其實也可以說是巴納姆效應所造成的錯覺之一。故意說一些模稜兩可的話，讓每個人看了都以為說的是自己。

所以無論強調哪一點，都必定會感覺和自己很像。

神奇的是，雖然看起來全都對得上，其實是自己
將這些籠統的話配合自身的情況來詮釋罷了，
所以最好小心這種無條件相信或接受的態度。

老人狠狠地瞪了芯理一眼。芯理對此一點也不在意，拿起老人身旁的一塊布。

「這位老爺爺大概會這麼說吧？」

芯理把布罩在頭上，彎著腰清了清喉嚨，然後收緊下巴，像老人一樣做出面無表情的樣子。

「平時很安靜，但和朋友在一起的時候就會變得很活潑，對單調且重複的事情很容易不耐煩。」

芯理把老人模仿得維妙維肖，孩子們看了都捧腹大笑，從額頭上布滿的皺紋，到下垂的眼角全都一模一樣。當咯咯笑的聲音慢慢平靜下來之後，到處都聽得到「我好像也有聽過那個說法？」的議論聲，似乎不止一兩個孩子已經聽過老人算命的結果。

「小鬼頭不要亂說話！」

　　一看到孩子們開始動搖，老人猛地衝向芯理，原本還以為大家差不多都要上當了，現在眼看著就要落空，所以顯得十分焦急。芯理為了躲避像趕蟲子一樣揮舞著扇子的老人，在同學們之間鑽來鑽去。

「給我站住！什麼巴納姆、巴拿木的，都是妳編出來的吧？」
「哼，才不是編出來的呢！」

　　芯理對著這個固執己見的老人吐了吐舌頭，被激怒的老人連華麗的外衣都脫了下來丟在地上，氣得暴跳如雷。老人感到既丟臉又憤怒，沒想到竟然會在一個只到自己腰這麼高的小鬼身上栽了跟頭。這時，突然有人探頭到芯理面前。

「不然那說法是從哪裡來的？」

　　是受到失去五千韓元的衝擊，呆坐了好長時間的元植。芯理回頭往後看，一直緊追在後的老人扶著膝蓋在喘氣，擺著手說孩子的體力沒人贏得過。芯理用下巴指了指老人說：

「是一個人的名字啦，那個人是個騙子，就像這老爺爺一樣。」

金芯理的心理諮商室

巴納姆效應的由來和什麼是佛瑞效應?

巴納姆效應來自於19世紀美國娛樂之王
費尼爾司·泰勒·巴納姆,也被稱為佛瑞效應,
取名自通過實驗證明這一效應的伯特倫·佛瑞。

巴納姆效應的「巴納姆」是人名,
他是一個19世紀在美國經營馬戲團的人。

他不只利用蛇、狗、猴子等動物,甚至連個子特別高或
特別矮的人和木乃伊標本都被用在自己的馬戲團裡。

咻

他為觀眾提供罕見奇觀的同時，也收穫了莫大的成功。在自己的馬戲團裡無所不用其極的巴納姆，當時被譽為傑出奇才，

但巴納姆近來備受指責，被稱為「曠世騙子」，因為他為了賺錢，不惜做出種族歧視和虐待動物的事情。

甚至還欺騙人們。他為了討觀眾們的歡心，
假裝猜到對方的性格。

哎呀，是的……
沒錯……。

表面上看起來很害羞，
其實內心很活潑調皮～

觀眾們都以為巴納姆擁有
神奇的力量，

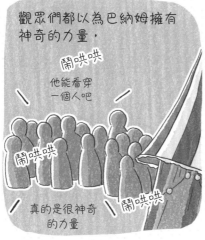

鬧哄哄

他能看穿
一個人吧

鬧哄哄

真的是很神奇
的力量

鬧哄哄

其實只是一直利用「巴納
姆效應」來欺騙觀眾。

一群蠢蛋。

但是有個人發現了巴納姆
能夠蒙騙觀眾的原因，那就是
100年後出生的心理學教授

伯特倫・佛瑞。

佛瑞就以來聽講的學生為對象，進行一項實驗。他舉行了一次性向測驗，並調查學生們對結果的滿意度。換句話說，就是性向測驗的結果和個人實際個性的相符程度有多少。

我們現在開始進行實驗。

性向測驗結束後，收到結果的學生們看了之後都忍不住大吃一驚。

鬧哄哄

哇！太不可思議了！好準喔……？

我的也是！

鬧哄哄

佛瑞教授是怎麼猜出學生們的性格呢？

事實上，佛瑞教授把完全相同的結果分給了所有學生，上面寫著只要是人誰都會有的一面。學生們看到那模稜兩可的結果後，就覺得「好準！」。

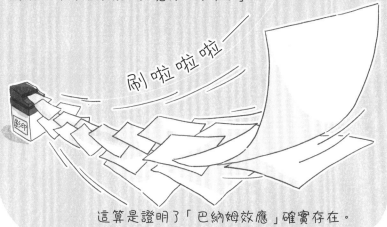

刷啦啦啦

影印

這算是證明了「巴納姆效應」確實存在。

所以巴納姆效應也稱為「佛瑞效應」，就是以進行驚人實驗的佛瑞博士之名來取代騙子巴納姆的名字。

佛瑞效應

匡噹！

元植把手掌伸向聽了芯理的解釋後還是喋喋不休的老人面前。

　　「算命先生，不，老爺爺！請把我的錢退還給我。」

　　聽到這大膽的語氣，老人只能苦笑。剛才還對我的話深信不疑的孩子們，自從那個不知道是叫芯理，還是心米的小鬼出現後，就敢沒大沒小地頂嘴。老人挖了挖耳朵，抱著僥倖的心態反問：

　　「要我退還你什麼？」
　　「我的錢，你說是什麼鐵嘴神算，根本是騙人的嘛！所以趕緊把錢還給我。」

　　不知道是不是元植的話成了導火線，孩子們異口同聲地喊著退錢，那氣勢就像放著不管的話，馬上會演變成示威的模樣。老人哎呀一聲，跌跌撞撞地跑向蓆子，然後拿起藏在坐墊下的錢袋，緊緊地抱在懷裡，貪婪像蟲子一樣爬滿他的臉。

　　「那可不行，絕對不行！我哪裡有錯，是你們自己願意受騙的，要怪就怪自己蠢吧！」

　　老人指著孩子們說。

芯理張開雙臂擋在他前面，挺起小小胸膛大聲地說：「他們才不是因為蠢才被騙的！」老人對空揮舞空空如也的雙手，手裡沒有扇子，可能是在追逐芯理的過程中弄丟了吧。

「妳幹嘛多管閒事？」
「因為老爺爺好像搞錯了。」

老人勃然大怒地說：「又干我什麼事！」，芯理指著自己的腦袋對老人說：

「不是因為蠢，而是因為這裡面的生存本能。」

聽到芯理的話，孩子們都嚇了一跳跑過來，那模樣簡直就像一群聽到槍聲的小鹿。孩子們不再理睬不知何時被用力推得遠遠的老人，開始對芯理展開問題攻勢。

「等、等一下，什麼是生存本能？」
「妳是說，只要這東西還在，我們就還會繼續被騙嗎？」
「那我不就有可能不只失去五盤辣炒年糕了嗎？」

對著如火花般連續綻開的問題，芯理搖了搖頭。

「不，不是那樣的，只要努力就足以克服。」

擺脫偏差的方法是什麼?

只尋找符合現有信念的資訊或無視相反資訊的現象,稱為偏差。為了擺脫這種偏差,不僅要尋找與自己想法相反的證據,還應該進行批判性的思考。

184

那麼該如何區分有用和沒用的東西呢？

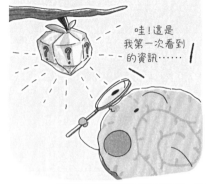

哇！這是我第一次看到的資訊……

就是以自己心中的信任或信念作為標準來判斷。

得找找看！

緣自信任和信念的指導書

因為我們的大腦以自我為中心，所以更容易接受合乎自己喜好的訊息。

世界以我為中心運轉

因此，對於運勢或塔羅牌等帶有模稜兩可訊息或肯定、稱讚的內容時，

就更容易接受。

幸運很快就會降臨到你身上

哎呀!!

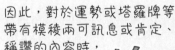

看來今天運氣會很好～

也就是說，誤認為是只針對自己的有利訊息。

即使是學者、專家也很難擺脫這種「大腦偏食」的
情況，因為這是人類在無意識中表達出來的特徵之一。

人類為了能做出快速的判斷，從原始時代以來就
一直在進化。

但是，只要記住自己有偏食傾向，

啊……，怎麼又有「這個」……。

和我不同的意見

並且努力擺脫的話，就能減少因錯覺而造成的失誤。

吃下去

算了！

請大家一定要記住，看到重要訊息時，與其無條件相信，不如仔細了解內容，思考後再加以判斷，這樣才能做出正確的決定。

讓我看看……

· 是新的資訊嗎？

· 會對我現在做的事情產生重大影響嗎？

· 來源可信賴嗎？

重要資訊

CHECKLIST

當芯理在同學們面前長篇大論解釋的時候，老人搖搖晃晃地站了起來，雖然受到孩子們的推擠，但他依然緊緊抓著懷裡的錢袋，不想因此弄丟。老人低低地趴在地上，盡量不讓孩子們注意到他，然後開始悄悄地朝著馬路邊爬了過去。

　　「早知道就應該聽芯理的話才對！」
　　「就是說嘛，五千韓元可以玩遊戲玩到爽。」

　　孩子們這時才你一言我一語地表達惋惜。對於事後才扭扭捏捏地感到抱歉的同學們，芯理表示理解，和藹可親地笑了笑。事實就是如此，被騙並不是同學們的錯，是巧妙利用大家的心理賺錢的可惡大人才有問題。

　　「所以大家以後要常來諮商室玩，知道了嗎？」
　　「咦，怎麼老爺爺……。」

　　就在芯理和同學一個一個小指拉勾的時候，就聽到一個孩子喊了一聲，其他孩子也跟著四處張望，明明剛才還倒在地上的老人不見了。這時，元植指著巷子盡頭說：

　　「在那裡！要跑掉了！」

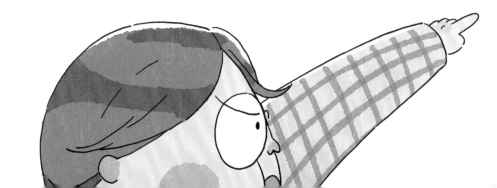

「哇哈哈哈！小鬼，你們好自為之吧！」

老人早已逃之夭夭。孩子們嚇了一跳，趕緊快步追在老人後面，那步伐甚至比午餐時間搶美味菜餚或星期天早上搶電視時還要快。

「把我的五千韓元還我再走！」

或許是一下子太累了，迫切地想吃辣炒年糕的元植也跟著追上去。老人和孩子們，還有元植就像玩火車遊戲一樣穿越巷子。

「喂喂，同學們！你們答應過要再來諮商室的喔！知道了嗎！」

芯理對著消失成小黑點的孩子們背後大喊，都怪老人偏偏挑了這麼好的時機逃跑，徒留這個沒有回答的詢問消散在空氣中。「真是個到最後都幫不上忙的老爺爺！」芯理暗自嘀咕。

「咳咳，咳咳。唉唷，喉嚨好痛，是我話說得太多了嗎……。」

冷風從對面吹來，吹得芯理喉嚨發癢，不知不覺間就到了晝短夜長的季節了。芯理把手深深地插進口袋裡，指尖碰到了冰涼尖細的諮商室鑰匙。等到長長的黑夜過去，天又開始亮了以後，又可以用這把鑰匙打開諮商室的門了。芯理對此感到非常開心，也很歡喜。

「啊，真希望明天快點到來！」

芯理朝著天空伸出雙臂，追在她身後的太陽和月亮也加快了腳步，今天預計會比固定的24小時，要稍微、稍微地短一些些。

國家圖書館出版品預行編目（CIP）資料

為什麼朋友會這麼做？：用心理學認識他人 / Team. StoryG 著；
　游芯歆譯. -- 初版. -- 臺北市：臺灣東販股份有限公司, 2024.07
　192面；16×23公分
　譯自：친구 마음 탐구 생활
　ISBN 978-626-379-422-1（平裝）

　1.CST: 心理學 2.CST: 友誼 3.CST: 人際關係 4.CST: 通俗作品

195.6　　　　　　　　　　　　　　　　　　113006411

用心理學認識他人
為什麼朋友會這麼做？

2024 年 7 月 1 日初版第一刷發行

著　　者　Team. StoryG
譯　　者　游芯歆
編　　輯　黃筠婷
美術編輯　黃滿瑢
發 行 人　若森稔雄
發 行 所　台灣東販股份有限公司
　　　　　＜地址＞台北市南京東路 4 段 130 號 2F-1
　　　　　＜電話＞（02）2577-8878
　　　　　＜傳真＞（02）2577-8896
　　　　　＜網址＞http://www.tohan.com.tw
郵撥帳號　1405049-4
法律顧問　蕭雄淋律師
總 經 銷　聯合發行股份有限公司
　　　　　＜電話＞（02）2917-8022

TOHAN